D1857083

Mini Loman

Mit dem Morgen kam die Freiheit

Hänssler-Verlag
Neuhausen-Stuttgart

CIP-Kurztitelaufnahme der Deutschen Bibliothek

Loman, Mini:
Mit dem Morgen kam die Freiheit / Mini Loman.
Neuhausen-Stuttgart: Hänssler, 1982.
(TELOS-Bücher; 5011: TELOS-Taschenbuch)
Einheitssacht.: Train of terror ‹dt.›
NE: GT
ISBN 3-7751-0767-3

TELOS-Taschenbuch Nr. 5011
© Copyright 1978 by Mini Loman
Veröffentlicht von Fleming H. Revell Company
Übersetzt ins Deutsche von Heidi Wörmann
Originaltitel: Train of Terror
© Copyright der deutschen Ausgabe 1982 by Hänssler-Verlag, Neuhausen-Stuttgart
Umschlaggestaltung: Daniel Dolmetsch
Gesamtherstellung: Ebner Ulm

Inhaltsverzeichnis

Wir wissen aber, daß denen, die Gott lieben, alle Dinge zum Besten dienen, denen die nach dem Vorsatz berufen sind. Römer 8, 28

Es gibt im Leben seltsame Begebenheiten, in denen man weiß, daß Jesus Christus uns nahe ist, auch wenn die äußeren Umstände kein Glück versprechen!

In solchen Fällen kommt alles darauf an, nicht den Mut zu verlieren. Dann kann man sich festhalten an der Tatsache, daß unter uns die ewigen Arme Gottes sind.

Mini Loman im Juni 1982

Mini Loman auf dem Bahnhof Groningen mit einem holländischen Expreß, der dem gleicht, in dem die Geiseln gefangengehalten wurden. Die Autorin geht in Gedanken noch einmal die Ereignisse der schrecklichen 20 Tage langen Gefangenschaft im Zug durch, sie tut es für Dan Wooding, der ihr half, ihre Geschichte für die Presse vorzubereiten. Foto von Dan Wooding.

Man sieht hier zwei der Geiselnehmer, wie sie auf den Führerstand des Triebwagens klettern. Eine Rund-um-die-Uhr-Wache wurde von den Südmolukker Terroristen an beiden Enden des besetzten Zuges eingerichtet. Wide World Photos.

20 Tage im Terroristenzug

Im Mai 1977 hielt die Welt den Atem an, als Südmolukker in einem holländischen Zug ihre Maschinengewehre auf mehr als 50 Menschen richteten, die sie als Geiseln festhielten. Mini Loman war eine jener Gefangenen. Hier berichtet sie über ihre unvergeßlichen Erlebnisse in diesen 20 grauenvollen Tagen. Als sie sich unsäglichem Hunger und äußerster Erschöpfung gegenübergestellt sah, lernte sie, sich auf Gottes Zuspruch an Kraft und auf seine ermutigende Liebe zu verlassen. Lesen Sie selbst, was passierte, als Mini es wagte, vor den Fahrgästen und sogar vor dem molukkischen Terroristenführer ein Zeugnis ihres Glaubens abzulegen. Hier ist ein zu Herzen gehender Augenzeugenbericht von der längsten Zugbesetzung unserer Zeit, der eine Geschichte enthüllt, die die Massenmedien so nicht zu bringen vermochten.

Eine Pistole an meinem Kopf

Ich blinzelte ungläubig, als ich die schmale, bärtige Männergestalt sah, die bedrohlich eine Pistole auf meinen Kopf richtete. Im Schnellzug von Utrecht in meine Heimatstadt Groningen in Nordholland war ich eingenickt, und meine Augen waren erst halb offen, als ich die verschwommenen Umrisse eines Fremden im Gang flüchtig erblickte. Blitzschnell riß ich sie ganz auf, als ein Mädchen mir gegenüber aufschrie und voller Panik ihre Schulbücher fallen ließ. Sie war totenblaß geworden.

Der kleine Mann, der eine Brille mit Goldfassung trug und schwarzes Kraushaar hatte, war Max Papilaja, der 24 Jahre alte Anführer des Terrors, der gerade begonnen hatte – obwohl ich das natürlich zu diesem Zeitpunkt noch nicht wußte.

Er schaute uns scharf durch die Brille an, legte einen Finger an seine Lippen und deutete uns somit an, daß wir drei uns in unserem Abteil ruhig verhalten sollten. Dann schob er die Türen auf – wir waren im Abteil gleich hinter dem Führerstand – und sagte: »Dies ist ein Überfall. Kommt ganz leise hinter mir her.« Er schwang seine Pistole in einer Art, die besagte, daß er uns schnell hier raus haben wollte. Ich griff rasch nach meinen beiden Reisetaschen, in denen hauptsächlich schmutzige Wäsche war, und ging vorsichtig hinter ihm her.

Max, der mit einem schwarzen Ledermantel, einem sauberen blauen Hemd, Krawatte und Jeans bekleidet war, sagte mit weichem Akzent: »Seid ruhig. Macht keine Dummheiten. Dann passiert euch nichts.« Danach begann er, seine Pistole in meinen Rücken zu stoßen und drängte mich vorwärts in die Mitte des Zuges. Ich bemerkte jetzt erst, daß der Zug angehalten hatte.

»Versuch nicht wegzulaufen, sonst schieße ich«, sagte er zu mir, als ich vor ihm her durch den Gang ging. Ich sah die anderen Reisenden, die auch von dunkelhaarigen Männern mit Maschinenpistolen dirigiert wurden. Ich dachte: »Das ist sicher ein Traum. Oder nicht?« Jedenfalls versicherte ich mir selbst, daß Jesus mich sehen könne und mich beschützen würde.

In einem Zweite-Klasse-Wagen, der normalerweise etwa 30 Personen faßt, waren etwa 100 aufgeschreckte holländische Reisende, die sich wie Ölsardinen zusammenzuquetschen versuchten. Ein dunkelhäutiger junger Bursche mit Pistole guckte sich sehr nervös um und hörte nicht auf uns anzuschreien: »Los, los, setzen.« Wir machten verzweifelte Anstrengungen, irgendwo etwas zum Sitzen zu finden. Kaum hatte ich mich hingesetzt, als eine ziemlich dicke Frau sich auf meinen Schoß warf. Mehrere schmerzliche Minuten brachte ihr schwerer Körper meinen Kreislauf völlig durcheinander und meine Beine wurden gefühllos. Ich traute mich nicht, etwas zu sagen, denn wenn ich sie gebeten hätte wegzurücken, hätte ihr das das Leben kosten können. Dann verlor der halbwüchsige Terrorist, dessen Zeigefinger am Drücker der Pistole stark zitterte, für einen Moment die Beherrschung und schoß Kugeln in die Wagendecke. Er feuerte zwischen die Gänge der Sitzreihen mit seinem Todesinstrument. Die Handtasche eines Mädchens wurde von den Kugeln auseinandergerissen.

Mir wurde schlagartig klar, daß diese Männer Südmolukker waren. Sie hatten wahrscheinlich den Zug mit dem verzweifelten Wunsch überfallen, die Öffentlichkeit auf ihre Sache aufmerksam zu machen. Ihr Land wird heute von Indonesien regiert, war aber einst ein Teil des holländischen Kolonialreiches. In Holland leben ungefähr 40 000 Südmolukker, die äußerlich sehr den Indonesiern gleichen. Sie wollen die Unabhängigkeit von Indonesien für die etwa 800 Inseln, die die Molukken-Gruppen bilden, um ihr zurückgebliebenes tropisches Heimatland in eine selbständige Nation verwandeln zu können.

1949 wurde ein molukkischer Aufstand von indonesischen Regierungstruppen auf schändliche Weise niedergeschlagen. Viele der Guerillas flohen lieber nach Holland um der Strafe zu entrinnen. Trotz der furchtbaren Kämpfe ging die molukkische Revolution fast unbemerkt an der ganzen übrigen Welt vorüber. Sie war ja nur eins von den vielen Problemen, mit denen die Führer der neuen unabhängigen Republik Indonesien fertigwerden mußten.

Zwei Jahre vor meiner eigenen Fahrt im Terrorzug haben andere Molukker schon einmal einen Zug überfallen, nur ein paar Kilometer von uns hier entfernt. Wir bekamen bald heraus, daß die Molukker unseren Zug auch nur gekapert hatten, um die Regierung der Niederlande zu zwingen, 21 gefangene Kameraden freizulassen. Sie saßen wegen früherer terroristischer Handlungen im Gefängnis.

Wir erfuhren später, daß einer davon Jozef Huly war, der Freund der 22jährigen Hansina Uktolseja, der einzigen Terroristin in unserem Zug. Huly sitzt eine 14jährige Strafe ab, weil er das indonesische Konsulat in Amsterdam 1975 überfallen hat. Uktolseja wurde übrigens später von holländischen Soldaten getötet, in ihren Händen hielt sie eine Maschinenpistole.

Ich beobachtete sonderbare Szenen in unserem Wagen. Mir war, als sähe ich einen Film. Ich wurde jedoch bald in die Wirklichkeit zurückversetzt, als Max über den Zuglautsprecher anordnete: »Ruhig bleiben, abwarten. Jeder, der versucht zu entkommen, kriegt eine Kugel durch die Brust gejagt.«

Es wurde bald klar, daß zu viele Leute im Zug waren, um die Besetzung aufrechterhalten zu können. So fingen die Molukker an, die auszusortieren, die sie für eine lange Wartezeit ungeeignet hielten. Alte Leute und Mütter mit Kindern durften den Zug verlassen. Alles, was sie tun mußten, war, zu ihrer Rettung durch die Felder davonzumarschieren. Viele bestürzte Leute im Zug plädierten auch auf Freilassung. Eine Dame sagte, sie hätte eine dringende ärztliche Anordnung einzuhalten, doch das blieb unbeachtet. Eine ledige Frau konnte ihre einmalige Chance nutzen. An einer der letzten Haltestellen war ein kleiner Junge von seiner Mutter in den Zug gesetzt worden, er sollte von einer Verwandten auf einer der nächsten Stationen abgeholt werden. Diese Reisende hatte der Mutter versprochen, auf den Jungen aufzupassen, und als jetzt die günstige Gelegenheit kam, nahm sie das Kind auf den Arm und stieg mit ihm aus dem Zug, indem sie so tat, als sei es ihr eigenes. Ein ergreifender Zwischenfall ereignete sich, als ein tränenüberströmtes südmolukkisches Mädchen von uns fortgeschickt wurde. Sie wollte ihre holländische Freundin, die mit uns festgehalten werden sollte, nicht allein lassen. »Bitte, laßt mich bleiben«, schrie sie. Aber das wurde ihr nicht erlaubt. »Geh, bevor es Ärger gibt«, warnte ein Wachposten sie streng.

Für mehrere Stunden saßen wir 53 Leute, die übriggeblieben waren, bewegungslos da. Wir wagten kaum zu sprechen. Die unheimlichen Terroristen starrten uns an, und wir starrten uns gegenseitig an. Ein paar Frauen fingen an zu weinen, leise aber beharrlich, und ich begann über das Geschehene nachzudenken. Ich machte mir Sorgen um meine Eltern im nahe gelegenen Assen. Zwei Jahre zuvor hatten sie meinen Bruder auf tragische Weise verloren, und nun war ich hier in Lebensgefahr. Das würde ein furchtbarer Alptraum für sie sein.

Ich ärgerte mich auch darüber, daß ich an diesem Tag nicht zur Arbeit gehen konnte. Dieser Tag hatte tatsächlich schon schlecht angefangen. Übers Wochenende hatte ich meine Freundin Michèle Bauermann besucht, mit der ich zusammen eine Bibelschule in Den Haag, der Hauptstadt der Niederlande, besucht hatte. Sie wohnte in Utrecht, der Heimat des einzigen holländischen Papstes im 16. Jahrhundert und des höchsten Turms in Holland, dem Dom. Wir waren am Sonntag zur Kirche gegangen, hatten uns christliche Platten angehört und uns ausgiebig Ruhe gegönnt.

Mir scheint, ich hatte mich ein bißchen zu lange ausgeruht, denn an diesem verhängnisvollen Montagmorgen, dem 23. Mai 1977, hatte ich verschlafen. In höchster Eile hatten wir etwas Toastbrot gegessen, und dann fuhr mich Michèle mit ihrem Auto zu dem hübschen neuen Utrechter Bahnhof. Wir liefen im Sturm die Rolltreppe zum Bahnsteig hinauf, und dann entdeckte ich – zu meiner großen Enttäuschung –, daß meine Wochenkarte abgelaufen war und ich einen Einzelfahrschein kaufen mußte. Ich war sehr aufgeregt, denn ich wußte, ich würde zu spät zu meiner Arbeitsstelle kommen. Als Büroangestellte arbeitete ich in einer Firma für Vervielfältigungsapparate in meiner Heimatstadt Groningen. Ich haßte nichts mehr, als zu spät zu kommen, weil ich es für ein gutes christliches Vorbild meinen Freunden gegenüber hielt.

Michèle und ich stürzten gerade auf den Bahnsteig, als der gelbblaue Elektrik-Expreß mit der Nummer 747 sich für die zweistündige Reise nordwärts nach Groningen, einer malerischen Universitätsstadt, etwa 56 km von der westdeutschen Grenze entfernt, in Bewegung setzte.

»Spring vorn in den ersten Wagen«, sagte Michèle und öffnete die Tür für mich. »Da ist ein Extra-Abteil, wo man ungestört arbeiten kann. Du kannst da aber auch ein kleines Nickerchen machen.« Ich umarmte sie, sprang auf und hoffte, es würde der »Nickerchen-Expreß« für mich werden.

Es war etwa 8.43 Uhr, als die Südmolukker ihren Angriff starteten. Zwei von ihnen waren bereits an der vorherigen Station eingestiegen, und an einer vorher verabredeten Stelle zogen sie die Notbremse. Sie zogen sie allerdings ein bißchen zu spät, denn der Zug schoß über die bestimmte Stelle hinaus. So hielt er nun in einer Kurve, wodurch er eine schwere Schlagseite hatte. Die sechs anderen, die eine Zeitlang auf Wachposten gelegen hatten, mußten auf den Gleisen mit ihren Maschinengewehren entlangklettern, um einsteigen zu können. Der Zugführer und der Schaffner merkten, was geschehen war, sie verließen den Zug und liefen schnell davon. Sie wußten, sie konnten jeden Augenblick niedergeschossen werden, doch die Molukker ließen sie laufen. So begann – zeitlich gesehen – der längste Zugüberfall, der je registriert wurde.

Zur gleichen Zeit überfielen vier andere Molukker in der Nähe eine Volksschule und hielten 105 verängstigte Kinder und vier Lehrer mit ihren Maschinenpistolen in Schach.

Die wahnsinnige Atmosphäre in dem stickigen Wagen ließ nach, als die bewaffneten Männer uns einige alte Zeitungen sowie Klebestreifen gaben und uns befahlen, damit die Fenster zu verkleben. Sie sagten, sie wollten nicht, daß jemand zu uns hereinsehen könne. Der Auftrag wurde schnell ausgeführt. Danach mußten wir uns alle ganz gerade hinsetzen, wie ungezogene Kinder. Auf der Stirn einiger von uns Geiseln konnte ich Schweißtropfen herunterrieseln sehen, und mir selbst wurde auch schwül und heiß.

»Kann ich bitte das Fenster öffnen?« fragte ich einen der Molukker, der hingebungsvoll an seiner scheußlichen Todeswaffe herumfingerte.

»Aber nur kurz«, sagte er. Ich nahm einen tiefen Zug der lauen frischen Luft, die durch das Fenster hereinströmte. »Genug«, schrie er, »zurück auf deinen Platz!«

Wenn ich zurückdenke, schäme ich mich richtig wegen meines inneren Zustandes in dieser ersten Phase des Überfalls. Ich bekenne, alles was ich denken konnte, war, in welch ausweglosen Situation wir uns befanden. Ich dachte an meine Eltern und an das, was meine Kollegen im Büro von meiner Verspätung halten würden. Die Verstörung in meinem Innern wurde so groß, daß ich die Molukker am liebsten angeschrien hätte: »Ihr verrückten Leute. Warum gebt ihr uns nicht frei?

Wir haben euch doch nicht das Geringste getan.« Aber als ich ihre angsteinflößenden Feuerwaffen sah, hielt ich meine Zunge im Zaum.

Mir am nächsten saß Kees, ein blondhaariger Mann Ende zwanzig. Er versuchte, uns durch selbstgedrehte Zigaretten, die er in der Runde verteilte, aufzuheitern. Während er das tat, vertraute er mir an, daß er auf dem Weg nach Groningen gewesen sei, um ein paar Prüfungen in der Lebensmittelbranche zu machen, denn er hatte vor, ein Restaurant zu eröffnen.

»Möchtest du auch eine Zigarette?« fragte er mich. Ich hätte ablehnen müssen, denn ich hatte nicht mehr geraucht, seit ich vor fünf Jahren mein Leben dem Herrn Jesus Christus übergeben hatte. Rauchen hielt ich eigentlich für eine ungute Angewohnheit, aber ich war so durcheinander, daß ich sein gutgemeintes Angebot annahm. Ich inhalierte tief und fühlte mich ganz schwindlig, als der Rauch in meinen Lungen herumwirbelte. Ich hustete ein bißchen, fühlte mich etwas entspannter und rauchte die Zigarette dann zu Ende.

Mit meinem Glauben war ich auf dem Tiefstand. Ich konnte nicht recht einsehen, warum Gott es erlaubte, daß mir so was passierte. Während der ersten Stunden der Besetzung konnte ich nicht einmal von Herzen zu ihm beten.

Am späten Nachmittag begann bohrender Hunger an meinen Eingeweiden zu nagen. Ich fing an, in meiner Handtasche nach den zwei Schinkenbrötchen zu suchen, die Michèle für mich gemacht hatte. Als einer der Molukker sah, was ich tat, befahl er denjenigen, die etwas Eßbares hatten, dieses mit den anderen zu teilen. Bald stopften wir alle gierig in uns hinein, was wir nur eben kriegen konnten. Zum Schluß mußte ich mich mit zwei ziemlich kleinen Bissen von meinen Brötchen begnügen. Das übrige hatte ich verteilt.

Wir hatten nichts zu trinken. Meine Kehle war ausgedörrt. Ich geriet in panische Angst und fragte mich, ob ich wohl jemals wieder ein kühles Glas sprudelnden Wassers genießen würde. Ich hätte einen ganzen Wochenlohn für nur ein Schlückchen Trinkbares ausgegeben.

Als es dunkel wurde, sahen unsere Kaperer ein, daß wir nicht alle in diesem Zweite-Klasse-Abteil schlafen konnten. Einige der Frauen schickten sie daher in die Erste-Klasse-Abteile nebenan. Um dahin zu kommen, mußte man durch einen übervollen Wagen mit wenigen Sitz- und viel Stehplätzen gehen. Ich wollte wirklich nicht gern in dem engen Zweite-Klasse-Abteil schlafen, daher fragte ich, ob ich mich den ausgesuchten Frauen und Mädchen anschließen könne. Man erlaubte es mir. Es war nur noch ein Sitzplatz übrig, und so mußte ich mich mit dem Platz neben der Abteiltür begnügen. Bis dahin trug ich eine saubere weiße Bluse und einen schwarzen Rock. Dann wurde mir sogar auch erlaubt, in den Waschraum zu gehen, um bequeme Jeans und ein weißes T-Shirt anzuziehen. Ich versuchte im Sitzen eine Katzenwäsche zu machen, nur bedeckt mit meiner weißen Jacke, aber die schützte kein bißchen vor der beißenden Kälte, und ich begann zu frieren.

Die Ärzte sagen, daß Leute, die ständig von einem gewaltsamen Tod bedroht sind (bei einem Überfall etwa) drei physiologische Stadien durchlaufen.

Das erste ist das Alarmstadium, wo der Körper sich auf Kampf oder Flucht einstellt. Adrenalin wird ausgepumpt, und die Muskeln werden für ganz schnelles Handeln zubereitet. Das zweite Stadium kommt, wenn der plötzliche Schock, als Geisel festgehalten zu werden, vorbei ist. Der Körper richtet sich auf eine lange Zeitspanne ein, in der die Muskeln weiterhin sehr angespannt sind. Aber diese beiden Stadien brauchen die Körperkräfte auf, und weil der Körper dann wesentlicher Chemikalien beraubt wird, ist das dritte Stadium, die Erschöpfung, erreicht. In diesem Zustand können lebensnotwendige Organe und Gewebeteile zusammenfallen und den Körper für Infektionen öffnen.

Ich weiß nicht, in welchem Stadium ich in jener Nacht war. Ich kann mich nur noch daran erinnern, daß ich mich schrecklich fühlte. Ich hatte migräneartige Kopfschmerzen, und mir war kalt, ach so kalt! Weil der Zug durch eine Kurvenlage auf der Kippe stand, knallte die Tür hinter mir jedesmal zu, wenn sie geschlossen wurde. Der Krach wurde unerträglich. Einer der Molukker konnte sehen, daß es mir gar nicht gut ging und fragte mich, was mir fehle. »Ich friere so furchtbar«, sagte ich unter Zähneklappern.

»Hier hast du meinen Mantel«, sagte er und wickelte seinen schwarzen Ledermantel um meinen zitternden Körper.

Ich war sprachlos. Alles, was ich bis jetzt mit diesen Terroristen erlebt hatte, war Grausamkeit, und jetzt war hier einer von ihnen, der mir so etwas Gutes tat. »Danke«, sagte ich schwach. »Das war sehr lieb von Ihnen.« Vielleicht waren sie trotz allem menschlich.

Ich fiel in einen unregelmäßigen Schlaf, und zwar mit einem kurzen Gebet auf meinen Lippen. Ich betete: »Bitte, Gott, bitte gib mir Mut, wirklichen Mut.«

Abendmahlzeit bei Kerzenlicht

Am zweiten Tag hatte Max (der vor seiner »großen Stunde« als Terroristenanführer Beamter bei der Kreis-Steuerbehörde in Assen war) Kontakt mit der Außenwelt aufgenommen. Hunderte von Soldaten umstellten – von uns unbemerkt – den Zug mit den vier Wagen und hielten sich völlig außer Sicht. Einer fing an, Max durch ein Megaphon etwas zuzurufen, und dann formte Max seine Hände zum Trichter und schrie zurück.

Der zierliche Max, der meist die Eisenbahnermütze trug, die einst dem Triebwagenführer gehörte, rief die Forderungen der Südmolukker aus. Die gefangenen Terroristen, ihre »Vaterlandsfreunde« (Patrioten wie sie), sollten freigelassen und zum Flughafen Schiphol in Amsterdam gebracht werden. Dorthin sollte von der holländischen Regierung eine Boeing 747 geliefert werden, mit der sie alle zusammen zu einem nicht genannten Bestimmungsort abfliegen konnten. Niemand kannte den Ort, den die Männer gewählt hatten, aber wir vermuteten, daß es entweder Nordvietnam oder Benin in Westafrika sein könnte.

Auf beiden Seiten merkte man jetzt aber, daß diese Art der Gesprächsführung über solche Entfernungen hinweg sehr schwierig war. Deshalb nahm Max das Angebot, ein Telefon zu benutzen, an.

»Ich will, daß es zwei Soldaten bringen, aber sie müssen Badehosen tragen, damit wir sehen, daß sie keine Waffen bei sich haben«, schrie er in Richtung Megaphon. »Und ich möchte, daß ihr kein unehrliches Spiel treibt.«

Ein paar Minuten später – es war ein sehr kalter Tag – kamen zwei frierende Soldaten in bunten Badehosen vorsichtig, Schritt für Schritt zum Zug, wobei sie die Telefonschnur abwickelten. Dann reichten sie den Hörer Max in den vordersten Wagen hinauf und zogen sich hastig zurück.

»So ist es besser«, sagte Max zu dem Unterhändler, als sie den Telefonkontakt hergestellt hatten. »Nun können wir doch wie zivilisierte Menschen sprechen.«

Der Unterhändler war überrascht von Max' erster Bitte. »Ich brauche 50 Stücke Kuchen. Eins der Mädchen hier hat Geburtstag, und wir möchten diese Gelegenheit wahrnehmen und feiern.« Die Bitte muß die holländische Armee und die Regierung geschockt haben, doch bald wurden die Kuchen zum Zug geliefert. Einer der lachenden Südmolukker feuerte über den Köpfen der sich zurückziehenden Geheimpolizisten, die die Leckerbissen geliefert hatten, Schüsse ab.

Wir sangen alle »Happy Birthday« für Janneke Fransen, einem bei der Zugbesetzung in Gefangenschaft geratenen Mädchen. Die meisten der Geiseln aßen den Obstkuchen. Ich konnte aber irgendwie nicht. Ich fühlte, daß dieses sinnlose »Bilderrätsel« nicht in den Griff zu kriegen war. Um Janneke nicht zu beleidigen, ließ ich den nicht gegessenen Kuchen auf dem kleinen rotgestrichenen Tisch bei meinem Schlafplatz stehen. Am nächsten Morgen war er weg, einer hatte also zweimal einen Geburtstagsschmaus gehalten.

Während dieser seltsamen Feier wurde Janneke zu Max' Quartier gerufen. (Er hatte die ersten beiden Wagen zu einer Befehlsstelle und in Schlafgelegenheiten für Terroristen umgewandelt.) Wir waren gespannt, was mit dem Geburtstagskind geschehen würde, doch alles war in bester Ordnung. Sie kam lächelnd zurück und hielt 200 Gulden hoch, die die Südmolukker ihr als persönliches Geschenk gegeben hatten.

Ein anderes Mädchen, das seinen Geburtstag während des Geiseldramas feierte, war die 19 Jahre alte Studentin Ansje Monsjou. Ansje, die eine Überlandreise nach Indien geplant hatte, wollte überhaupt kein Aufheben, weil sie sich furchtbar darüber ärgerte, auf solche Weise gefangen zu sein. Aber die Molukker bestanden darauf, daß ein großer Kuchen für sie hergebracht wurde. Kleine Feste, wie dieses, unterbrachen für uns die Eintönigkeit, und ich denke, unsere Kaperer beabsichtigten das.

Inzwischen hatte Max sein jetzt berühmtes Gespräch mit Dr. Dirk Mulder, dem Psychiater, begonnen, dessen Spezialgebiet Überreizungserscheinungen im Nervensystem von Überfallenen war. Er wurde mit Gegenmaßnahmen in dieser Angelegenheit beauftragt. Max wurde als »Mitternachts-Cowboy« bekannt, weil er bis spät in die Nacht Gespräche mit dem holländischen Arzt führte. Dr. Mulder versuchte ein Katz-und-

Maus-Spiel mit Max zu führen, um zu erreichen, uns unverletzt frei zu bekommen. Bei den Unterredungen sprach Max oft so unklar, als ob er betrunken wäre. Da es aber nur wenig Bier im Zug gab, dachten die zuständigen Herren, er würde Marihuana rauchen. Ich glaube das nicht, denn Max hatte ja die ganze Zeit über diese bedachtsame und nachdenkliche Redeweise.

Eins der wichtigsten Gesprächsthemen zwischen uns allen war das Essen, und zwar Delikatessen und köstliche Getränke. Einige von uns bemerkten, daß ihre Haut austrocknete. In der dritten Nacht waren wir alle über die Maßen heißhungrig, und da erlaubte Max endlich, daß uns Lebensmittel gebracht wurden. (Bis zu dieser Zeit waren wir tatsächlich alle der Meinung gewesen, daß uns die Außenwelt vergessen hatte.)

Um 23.00 Uhr erschienen zwei Geheimpolizisten, die einen voll beladenen Karren mit Leckereien aller Art hereinschoben. Diese wurden uns übergeben, und das Aroma der Speisen war so aufregend, daß wir fast ohnmächtig wurden. Wir hatten die Wahl zwischen kochendheißem chinesischen Essen und einer mehr gewohnteren holländischen Mahlzeit mit Fleisch, Kartoffeln und Salat.

Die beiden Beamten hatten sogar Kerzen gebracht, so hatten wir schließlich etwas Licht im Waggon. Bis dahin hatten wir tagsüber im Halbdunkel gesessen, nachts war es völlig finster. Wir scherzten darüber, wie romantisch es sei, bei Kerzenlicht zu essen, und verschlangen diese Köstlichkeiten geradezu. Max hatte einen holländischen Speisewagenlieferanten, der auch einer von den Gefangenen war, damit beauftragt, uns umsonst Limonade oder Bier aus den Restvorräten im Zug auszugeben. Ich aß mein Fleisch, meinen Salat und meine Kartoffeln sehr langsam und bedächtig, weil ich wußte, daß mein Magen nicht mehr an Nahrung gewöhnt war. Er hatte sie so lange entbehrt. Noch immer ziemlich hungrig, beschloß ich, etwas von dem Essen übrig zu lassen. Ich wagte nicht, zuviel zu essen, damit mir nicht schlecht würde.

Interessiert beobachtete ich, wie ein paar von den anderen Frauen im Wagen ihre Köpfe senkten und Gott für die Nahrung dankten. Also war ich demnach doch nicht die einzige Gläubige in dem Zug.

Außer dem heißgeschätzten Essen schickten uns die Soldaten Kleidung mit, bei der auch Unterwäsche und Schlafanzüge waren. Eine ganze Woche hatte ich meine Bekleidung nicht gewechselt. Ich war froh, etwas ganz Frisches und Neues anziehen zu können. Die Schlafanzüge bestanden aus schwarzen Hosen und roten Oberteilen. »Wenn uns nur unsere Familien jetzt sehen könnten«, scherzte eins der Mädchen, als es in sein neues Nachtgewand schlüpfte. Wir waren wie eine Schar alberner Schulmädchen in dieser Nacht. Spaß war in diesem Zug etwas ganz Seltenes, so daß wir begierig nach allem griffen, was uns aufheitern konnte.

Die meiste Zeit jedoch hatten wir Insassen ein seelisches Tief. Wir waren nervös und gereizt, und manchmal schnappte einer über, wie der in Holland geborene Chinesenjunge, der im Männerabteil eingesperrt war. Er hatte mehrere Stunden am Tag schwere Depressionen und begann dann ganz plötzlich zu schreien: »Ich werde verrückt!« Er sprang von seinem Sitz hoch und lief zu einem der Südmolukker. Er griff verzweifelt nach dem Maschinengewehr, und der Terrorist, der unübersehbar ein Unglück vermeiden wollte, warf die Waffe einem anderen Genossen zu.

Aber sein Partner hatte nicht solche Bedenken und wollte gerade losschießen, als Max, der zu einer Gruppe in unserem Abteil sprach, den Aufruhr wahrnahm. Er sprang hoch, rannte zur nächsten Tür und packte den Molukker, der im Begriff war zu töten, von hinten. Dann schrie er: »Schieß bloß nicht.« Der Molukker ließ das Gewehr sinken, und Max sagte dem Chinesenjungen, er sollte gehen und sich zu den Frauen setzen. Wir verbrachten den Rest des Tages damit, ihn zu beruhigen und versuchten, seine zerrütteten Nerven zu glätten.

Kurz vor diesem Zwischenfall hatte Max bemerkt, daß im Zug bestimmte Medizin benötigt wurde. Er führte ein diesbezügliches Gespräch mit unserer »Florence Nightingale«, Rosemarie Oostveen, einer 23 Jahre alten Medizinstudentin. Sie riet ihm, Beruhigungsmittel und Schlaftabletten zu besorgen, denn ohne diese Medikamente könnte allerlei Unheil entstehen. Es wurde Rosemarie gestattet, sich mit dem Psychiater zu unterhalten, und der besorgte bald über unsere beiden zuverlässigen »Lieferanten« große Flaschen Beruhigungsmittel und Schlaftabletten. Wenn Rosemarie gewollt hätte, so hätte sie uns alle in wochenlangen Schlaf versetzen können. Glücklicherweise brauchte ich während der ganzen 20 Tage keine einzige Pille.

Eine uns am meisten demütigende Sache bei dieser Besetzung war, daß wir um Erlaubnis bitten mußten, wenn wir auf die Toilette gehen wollten. Es war, als wenn wir nochmal Schulkinder wären. Doch noch widerwärtiger war die Tatsache, daß es keine Wasserspülung gab. Der Gestank war ekelhaft.

Einer war im Zug, mit dem ich besonderes Mitleid hatte: Hiob, ein Junge, der anscheinend mit seinem Sozialbetreuer unterwegs war, um seine Eltern zu besuchen. Max hatte erkannt, daß Hiob geistig ein bißchen zurückgeblieben war, daher brachte er Hiob täglich in unser Erste-Klasse-Abteil, damit er in rechter Gesellschaft war.

Wir konnten uns nicht helfen, wir mußten über Hiobs Possen lachen. Ich denke nicht, daß er wirklich verstand, was uns im Zug widerfuhr, denn oft fing er unbekümmert an laut loszusingen. Er liebte holländische Operettenlieder, und wir hielten uns die Seiten vor Lachen, wenn er seine Gesang- und Tanzschau vor uns abzog. Hiob pflegte eine Nummer zu beenden, indem er sich mir zuwandte und sagte: »Ich liebe dich. Du hast ein nettes Gesicht.« Ich lächelte ihm zu, denn ich wußte, er meinte es in seiner einfältigen Art wirklich so.

Wenn Hiob sprach, warf er oft die Worte durcheinander, wodurch man seine Bemerkungen manchmal kaum verstehen konnte. Aber er machte uns die ganze Zeit viel Spaß. Und wir hatten ihn alle gern.

Saskie, eine temperamentvolle verheiratete Dame, so Ende dreißig, hielt unsere Stimmung ebenfalls hoch durch ihre endlosen Geschichten über ihre Kinder, ihren Hund und sogar den Professor, der sie einst operierte.

Wir lebten in einer seltsam versponnenen Welt, und wir hatten das Gefühl, vom Rest der Menschheit vergessen worden zu sein. Wir hatten keine Ahnung, daß die ganze Welt unser Schicksal durch Fernsehen, Radio und Presse beobachtete. Ich konnte mir vorstellen, daß Christen in der ganzen Welt für uns beteten, aber ich wäre nie darauf gekommen, daß Gemeindeglieder meiner eigenen Kirche in Groningen sich die Mühe gemacht haben, stundenlang niederzuknien, und darum gebetet haben, daß Gott mich durch diese Feuertaufe hindurchbringen möchte.

Immer wieder machten einige von uns im Zug unzufriedene

Bemerkungen über den holländischen Premierminister Joop Den Uyl und fragten: »Warum kommt er nicht hierher und hilft uns?« Wir ahnten nicht, daß unser Premier während der Besetzung kaum geschlafen hatte und daß darüber jede Nacht Kabinettsitzungen stattgefunden hatten, was für unsere Befreiung zu tun sei. Wir wußten auch nicht, daß am ganzen Zug »Wanzen« angebracht waren und alles, was wir sprachen, mitgehört wurde. Mutige Soldaten waren eines Nachts unter den Zug gekrochen und hatten auf seiner ganzen Länge diese Abhörgeräte angebracht. Ich denke, die meisten von uns haben jetzt Schuldgefühle darüber, wie wir unsere Staatsführung heruntergerissen. Nun, wo wir die Wahrheit wissen, können wir nichts tun als dankbar für sie beten.

Nachdem ich vier Tage nicht in meine Bibel hineingesehen hatte, beschloß ich endlich, sie wieder zu lesen. Ich blätterte zuerst ein wenig ziellos darin herum und flüsterte dabei halblaut: »Herr, bitte sag mir, was das alles zu bedeuten hat und was mit mir geschehen soll.« Wie durch ein Wunder stieß ich auf einige Verse im Alten Testament:

> Legst du dich, so wirst du dich nicht fürchten, sondern süß schlafen, daß du dich nicht fürchten darfst vor plötzlichem Schrecken, noch vor dem Sturm der Gottlosen, wenn er kommt. Denn der Herr ist dein Trotz; er behütet deinen Fuß, daß er nicht gefangen werde. Weigere dich nicht, dem Dürftigen Gutes zu tun, so deine Hand von Gott hat, solches zu tun. Sprich nicht zu deinem Nächsten: »Gehe hin und komm wieder; morgen will ich dir geben«, so du es doch wohl hast. Trachte nicht Böses wider deinen Nächsten, der auf Treue bei dir wohnt. Hadere nicht mit jemand ohne Ursache, so er dir kein Leid getan hat. Eifere nicht einem Frevler nach und erwähle seiner Wege keinen; denn der Herr hat Greuel an dem Abtrünnigen, und sein Geheimnis ist bei den Frommen. Im Hause des Gottlosen ist der Fluch des Herrn; aber das Haus der Gerechten wird gesegnet. Er wird der Spötter spotten; aber den Elenden wird er Gnade geben. Die Weisen werden Ehre erben; aber wenn die Narren hoch kommen, werden sie doch zu Schanden.
>
> Sprüche 3, 24–35

Ich las diesen Abschnitt wieder und wieder durch. Er wirkte

wie beruhigender Balsam auf mich in dieser Zeit. Er machte mich stiller, als die stärksten Beruhigungsmittel es vermocht hätten. Besonders beruhigten mich die Worte: »Legst du dich, so wirst du dich nicht fürchten, sondern süß schlafen.«

Es war mir sogar gelungen, ein paar Kissen zu kriegen, um die Ritze zwischen zwei Wagensitzen zu füllen. Das Mädchen mir gegenüber und ich versuchten, uns so zum Schlaf zurechtzulegen, daß unsere Köpfe auf dem Sitz lagen und unsere Füße auf dem Tisch.

Ich schlief wunderbar in dieser Donnerstagnacht. Endlich hatte ich begonnen, mein Herz dem Herrn zu öffnen, und er segnete mich. Bis dahin war ich so egoistisch und selbstbezogen gewesen.

Doch nun kam am nächsten Tag gerade in dieser Hinsicht ein ganz besonderer Schock: Max fing nämlich an, mich zu tadeln, weil ich so eine laue Christin sei. Es kränkte mich tief, aber ich hatte seine Kritik verdient.

»Mini, lies deine Bibel«

»Ich würde mich lieber selbst umbringen als gefangen zu werden«, sagte Max grimmig, als er sich ins Frauenabteil zwischen sechs von uns setzte.

»Wenn irgendwas passiert, möchte ich meine Zeit nicht im holländischen Gefängnis verbringen. Ich werde mich dann eben selbst erschießen.«

Dies war ein neuer Max, den ich da zu sehen bekam; ein an eine hoffnungslose Sache gebundener Idealist. Ein Mann, der zweifellos nicht gezögert hätte, den Weg seiner Überzeugung bis zu Ende zu gehen.

Welch eine Herausforderung war er für mich. Bis jetzt hatte ich wie eine Maus gehandelt, ohne das geringste Rückgrat. Bei mir, in meinem Herzen, wurde die größte Macht der Welt vermutet – Gottes Heiliger Geist –, und ich war eine schüchterne, ängstliche und verärgerte Person.

Max beeindruckte mich mehr, als ich es über meinen geliebten Heiland Jesus Christus durch mein Zeugnis konnte. Ich schämte mich so.

Als wir mit diesem seltsamen, aber doch liebenswerten Terroristen sprachen, fragte ich mich selbst, ob ich wohl bereit wäre, für Christus zu sterben. Würde ich im Blick auf die Ewigkeit den Mut haben und sagen können: »Ja, ich werde, falls nötig, für Dich sterben, Jesus.«?

Zu der Zeit wußte ich die Antwort tatsächlich noch nicht. Als die Besetzung anhielt, begann ich durchaus mit dieser Möglichkeit zu rechnen.

Mein erstes persönliches Gespräch mit Max fand an einem Sonntag (29. Mai 1977) statt. Ich hatte vorher mit ihm nur ein paar Worte in unserer Gruppe gewechselt. Mit großem Interesse hatte ich seine Argumente und Gründe für den Überfall angehört. Obwohl ich das, was er und seine revolverbeladenen Gesinnungsgenossen taten, nicht gutheißen konnte, verstand ich doch ihre äußerste Verzweiflung, mit der sie versuchten, die Welt auf ihren Unabhängigkeitskampf aufmerksam zu machen.

Ich hatte meine trostlose Lage wirklich satt, und das wurde

noch dadurch verstärkt, daß ich an einem so besonderen Tag wie Pfingsten in eine Falle geraten war – an dem Tag nämlich, an dem die christliche Kirche das Fest begeht, wo Gott seinen Heiligen Geist gab. Ich fühlte mich so ohnmächtig.

Nachdem es eine Zeitlang in mir gebrodelt hatte, schritt ich verärgert durch den Gang zur Befehlsstelle, riß die Tür auf und verlangte eine Erklärung, wie lange dieses Spiel noch dauern würde.

»Ich will nach Hause«, sagte ich, und meine Stimme bebte vor Erregung. »Meine Eltern machen sich große Sorgen um mich. Warum laßt ihr uns nicht aus dem Zug raus?«

Max hatte eine wunderbare beruhigende Art, die irgendwie alle möglichen Arten hochexplosiver Situationen zu dämpfen vermochte, und wieder einmal schaffte er es mit seiner sanften, aber festen Stimme.

»Mini«, sagte er, »du bist doch Christin, nicht wahr?«

»Ja«, nickte ich mürrisch.

»Du mußt nun still sein und warten. Nur ruhig warten. Wenn du nicht krank werden willst, lies deine Bibel. Du klagst ständig darüber, daß du nichts zu tun hast. Also lies deine Bibel. Vielleicht findest du einige Antworten darin.«

Dann atmete er tief und lächelte ein wenig, indem er hinzufügte: »Wenn du wirklich Christin bist, Mini, wirst du durch dies hier durchkommen. Nun komm und setz dich hin.«

So hockte ich mich auf den Fußboden des Wagens, während er sich auf dem bequemen rot-schwarzen Sitz entspannte. Ich war beinahe glücklich, daß ich bei Max sein konnte. Er war mir mehr ein wohlwollender Freund als ein Kaperer. Ich empfand es als lustig, daß Max fast auf der gleichen Stelle saß, wo meine erst halb geöffneten Augen ihn das erste Mal erspäht hatten. Das einzige, was mir an der Lage nicht gefiel, war, daß er ständig seinen Revolver und sein Maschinengewehr zur Hand hatte. Von diesem Tag an begannen gute und offene Gespräche zwischen uns, auf die ich mich schon immer vorher freute.

Eines Tages machte ich eine etwas vorlaute Bemerkung zu Ronnie, einem launenhaften Bandenmitglied. Meine Worte hätten mir fast ernstlichen Schaden eingebracht. Der Ärger entstand, als ich die Wagentür zu Max' Abteil öffnete. Bei meinem Hereintreten schickte Max Ronnie hinaus und sagte, wir hätten etwas unter vier Augen zu bereden.

Als der finster blickende Ronnie sein Maschinengewehr über die Schulter warf, sagte ich scherzhaft: »Ja, Ronnie, hau ab.« Ronnie blieb wie angewurzelt stehen, schwang die tödliche Waffe in seinen Händen und wollte den Gewehrkolben in mein erschrecktes Gesicht schmettern. Max schrie ihn sofort an: »Halt, Ronnie. Laß das!« Das rettete die Lage. Ronnie zog sich zornig zurück, ein Ausdruck von Haß in seinem unrasierten Gesicht.

Noch mehrere Minuten danach fühlte ich mich arg mitgenommen, und Max tat alles, um mich ein wenig aufzuheitern. »Laß dich nicht von Ronnie aus der Fassung bringen, Mini. Er hat schlechte Erfahrungen mit Weißen gemacht, und er ist sauer auf euch alle.«

In dieser Nacht war ich sehr besorgt im Blick auf den aufgebrachten Ronnie, so daß ich voller Unruhe darauf wartete, daß er an meinem Wagen vorbeikam. Dann rief ich ihm zu: »Ronnie, es tut mir wirklich leid, daß ich dich verletzt habe. Aber es sollte doch nur ein Scherz sein.« Er schaute mich verlegen an und murmelte: »Es ist wieder gut.« Dabei lächelte er.

Ein Gespräch am späten Abend mit Max lief darauf hinaus, daß er seinen Finger auf meine wunde Stelle legte. Mein Verhältnis zu Gott war nicht in Ordnung. Ich wußte mich zwar auch jetzt in des Herrn Hand, aber irgendwie war ich mit seiner Führung nicht einverstanden.

Max überraschte mich durch seine Frage, ob ich es für möglich hielt, daß ein Mensch die Stimme Jesu hören könne. Ich bejahte das und ergriff die Gelegenheit, ihm davon zu erzählen, wie ich Gottes Ruf gehört und ihm mein Leben übergeben hatte.

»Ich wurde auf einem Bauernhof in Nordholland geboren, in der Nähe der deutschen Grenze. Als ich 12 Jahre alt war, schickte mich meine Mutter in ein christliches Ferienlager«, berichtete ich Max in meinem neu gefundenen Vertrauen, geleitet vom Heiligen Geist.

»Die ganze Woche sprachen viele Prediger, und eines Abends hielt uns ein russischer Pastor eine Ansprache. Durch einen Dolmetscher erzählte er uns alles darüber, wie Jesus für unsere Schuld gelitten hatte und gestorben war, und wie uns durch sein Opfer alle Sünden vergeben werden konnten und wie wir durch den Glauben an Christus eine persönliche Verbindung mit Gott haben.

In dieser Nacht in meinem Zelt konnte ich nicht aufhören zu weinen. Ich dachte daran, wie Jesus an diesem grausamen Kreuz für mich gelitten hat. Ich erkannte, daß ich ein Sünder war und das rettende Angebot Jesu annehmen müßte.

Am nächsten Tag fragte mich einer der Jugendführer unseres Lagers: ›Liebst du Jesus?‹ Ich verneinte das, sagte ihm aber, daß ich es gern wollte. Noch am selben Tag kniete ich mit ihm nieder und bat den Herrn Jesus Christus, in mein Leben zu kommen.

Für kurze Zeit wurde mein Leben anders, aber als ich auf die Farm zurück nach Hause kam, wo ich wohnte, begann ich, in meine alten selbstsüchtigen Gewohnheiten zurückzufallen. Und nach nur wenigen Monaten war es so, als wenn ich niemals das erfahren hätte, was die Bibel Wiedergeburt nennt.«

Ich konnte gut erkennen, wie Max über mein offensichtlich kurzfristiges christliches Erlebnis enttäuscht war.

Es ging aber doch weiter mit mir. »Es gibt noch mehr zu berichten, viel mehr«, sagte ich ihm.

»Als ich 21 Jahre war, hörte ich, daß Klaas, ein Junge, der in der nahe gelegenen Stadt wohnte, hoffnungslos an Leukämie erkrankt war. Ich hatte Klaas sehr gern, und deshalb besuchte ich ihn im Krankenhaus in Groningen.

Ich war erschüttert, als ich ihn halb ohnmächtig in seinem Bett liegen sah. Er hatte so viel abgenommen, und sein ausgemergeltes Gesicht war weiß wie der Tod.

Liebevoll legte ich seine Hand in meine und dachte: Der Einzige in der Welt, der Klaas jetzt helfen kann, ist Jesus Christus.

Ich versuchte ihn zu trösten, und bevor ich wegging, drückte ich seine Hand fest gegen meine und flüsterte: ›Ich werde für dich beten.‹ Und das tat ich auch.

Drei Tage später starb er. Eine Tante von ihm erzählte mir, daß Klaas, kurz bevor er hinüberging, ihr anvertraut hatte, daß er Christus als seinen persönlichen Retter angenommen hatte. Ich dachte sofort an das Lied ›Sicher in Jesu Armen . . .‹, und ich wußte, das war es, wo Klaas nun war – in den Armen Jesu.

Diese Erfahrung war so eindringlich, daß ich erwägen mußte, ob ich auf meinem ziellosen Weg bleiben oder ob ich Jesus ohne

Vorbehalt nachfolgen wollte. Ich entschied mich für das letztere. Es ging also um »alles oder nichts« für mich.

Max, du hast gefragt, ob Gott zu einer Person sprechen und ob man seine Stimme hören kann. Nun, ich glaube, daß Gott durch den russischen Pastor zu mir sprach und später durch die Erfahrung mit Klaas.

Gott kann heute zu Menschen sprechen, und er kann zu dir sprechen, Max, wenn du nur seinen Sohn Jesus Christus als deinen Retter annehmen willst.«

Ich spürte, daß Max tief beeindruckt war von dem, was ich ihm erzählt hatte. Er sagte jedoch, er könne es mir noch nicht abnehmen, daß Gott Menschen in einem Augenblick verändert. »Es kann geschehen. Das gebe ich zu, aber es muß nach und nach vor sich gehen«, behauptete er. Ich sagte Max, daß ich in diesem Punkt nicht mit ihm übereinstimmen würde, und dabei beließen wir es.

Auf diesen geistigen Austausch mit Max begann ich mich mehr und mehr zu freuen. Eines Tages überraschte er mich, indem er mir seine persönliche Bibel zeigte, die er im ersten Wagen liegen hatte.

»Ich lese sie jeden Tag, Mini«, vertraute er mir an. »Ich kenne sie wahrscheinlich so gut wie du. Nur meine Auslegung unterscheidet sich von deiner.«

Max erzählte mir, daß er Helden des Alten Testaments wie Abraham und David für seine Vorbilder hielt. »Du sagst, Gott will keine Gewalt, aber erlaubte er David nicht, Goliath aus einem gerechten Anlaß zu töten?« fragte er mich.

Ich versuchte zu erklären, daß wir seit Jesus unter einem neuen Gesetz, dem Gesetz von Gnade und Frieden, stehen.

Wenn ich nicht mit Max redete, nahm ich oft an den Spielen teil, die für die Gesundheit der meisten Gefangenen wichtig waren. Monopoly war sehr beliebt, und oft machten unsere Bewacher beim Spielen gemeinsame Sache mit den Geiseln.

Einige der Frauen verbrachten ihre Zeit damit, das Emblem der Molukker auf die Terroristen-T-Shirts zu sticken. Das Material, in den Molukkerfarben Rot, Weiß, Blau und Grün, wurde von einem Polizisten geliefert, der uns auch mit Karten, Dominosteinen und anderen Spielen versorgte.

Eine der Stickerinnen war die 18 Jahre alte Roelie Brinkman, eine pausbäckige Modezeichnerstudentin. Am neunten Belagerungstag fing sie an, die Abzeichen auf die Männerhemden zu nähen. Sie erzählte später den Reportern: »Ich tat es, weil sie mich darum gebeten hatten, und es gab nichts anderes zu tun.«

Ich verstand zwar das Südmolukker-Problem, konnte mich aber nicht dazu durchringen, an den Nähstunden teilzunehmen.

Eines Tages fragte ich Max, wie es um die Telefonverhandlungen stünde. »Alles, was ich sagen kann, Mini, ist, daß wir ein paar kleine Fortschritte gemacht haben. Wir sind der Lösung einen Millimeter näher gekommen. Das ist alles.«

Ich sah Max in die Augen und fragte: »Was würdest du tun, wenn ich versuchte zu fliehen?«

Er hob seinen Revolver hoch und hielt ihn dicht an meinen Kopf, zog am Drücker, während ich mich für die Ewigkeit rüstete.

»Hab' keine Angst, Mini; er ist nicht geladen«, sagte er. »Aber wenn du versuchst zu entfliehen, kann ich dir versichern, daß du erschossen wirst. Ich rate dir, mich nicht zu zwingen, dich zu töten. Ich mag dich sehr gern, aber ich würde es bestimmt tun.«

Gern hätte ich gewußt, ob er es wirklich meinte.

»Es wird noch heute alles vorbei sein«

Es schien zu schön, um wahr zu sein, als Max ankündigte: »Noch heute wird alles vorbei sein. Fangt an zu packen!«

Wir hatten gespürt, daß heute noch etwas Besonderes auf uns zukommen würde, es lag etwas in der Luft. Wir hatten zufällig einen Teil der Nachrichten aus Hilversum Drei, der holländischen Pop-Musik-Station, gehört. An den meisten Tagen spielten uns die Molukker die Programme durch das Zugradio vor, und mit den Füßen wippten wir zur Musik den Takt dazu. Wurden die Nachrichten verlesen, stellten sie gewöhnlich schnell ab. Wenn diese dann zu Ende waren, ertönte wieder die Musik.

Aber an diesem Tag hatte einer die Nachrichten angestellt, und wir erfuhren, daß die 105 Kinder in der Bovensmild-Schule, die von den anderen Terroristen mit Pistolen in Schach gehalten wurden, auf Max' Anweisungen hin freigelassen worden waren. Max erzählte mir später, daß er die Schule angerufen und seinen Männern dort gesagt hätte, sie sollten die Kinder gehen lassen, die vier erwachsenen Geiseln jedoch weiter festhalten.

Das munterte uns ein bißchen auf. Dann verstummte das Radio, ein verärgerter Molukker hatte es ausgeschaltet.

Max hatte sich zweifellos dazu verführen lassen zu glauben, daß, wenn er die Freilassung der Kinder anordnete, auch einige von seinen Forderungen erfüllt werden würden. Vielleicht hatte er mehr aus dem Versprochenen herausgelesen als drin lag. Er war zuversichtlich, daß innerhalb weniger Stunden alles vorüber sein würde.

Er kam in unser Abteil, ermahnte uns zur Eile und zum Packen unserer Habseligkeiten. Es herrschte eine vertrauensvolle Stimmung im Zug, als wir frohgelaunt begannen unsere Handtaschen zusammenzusuchen. Einige von uns weinten Freudentränen.

Max erklärte, daß er für uns einen Bus ohne Glasfenster angefordert hätte, der uns alle zum Flughafen Schiphol bringen sollte. Er wünschte kein Glas wegen evtl. Schießereien und damit kein Gas (Stinkbomben) hineingeworfen werden könne. Ein Jumbo-Jet vom Typ Boeing 747 würde an der Rollbahn auf uns warten. Bei der Ankunft dort würden wir aus dem Bus freigelassen, und sie, die Molukker, würden alle zusammen zu ihrem geheimen Bestimmungsort wegfliegen.

Ich kann mich nicht erinnern, Max je so glücklich gesehen zu haben. Er strahlte über das ganze Gesicht.

Aber dann ganz plötzlich bekam sein Gesicht einen wütenden Ausdruck, als die niederländische Regierung verkündete, sie würde seine Bedingungen, unsere Freilassung betreffend, nicht einhalten.

»Es ist etwas dazwischen gekommen«, knurrte er uns zu. »Die Besetzung geht weiter!«

Eine tiefe Traurigkeit legte sich wieder über uns alle, als wir erkannten, daß der Schrecken noch nicht vorüber war. Wieder waren wir die hilflosen Gefangenen verzweifelter Männer.

Max wurde sehr besorgt über den Mangel an Hygiene im Zug. Er wußte um den Virus, der verheerende Schäden bei den gefangenen Schulkindern ausgelöst hatte, so daß einige von ihnen ernstlich krank geworden waren. Das gleiche konnte auch hier im Zug geschehen. Deshalb befahl er den Soldaten, ihre ganze Ausrüstung zu reinigen und fragte nach Freiwilligen zur Säuberung der Toiletten. Ich meldete mich und begann, zusammen mit einem anderen Mädchen, die unerfreuliche, aber notwendige Aufgabe zu tun. Zwei Molukker mit Maschinengewehren paßten auf, als wir aus dem Zug stiegen. Wir machten eine Grube und fingen an, die scheußlichen Abfälle unterzugraben. Das dauerte mehrere Stunden, doch ich war froh, draußen an der Luft zu sein und etwas tun zu dürfen.

Alles was recht ist, die Terroristen versuchten, uns fit zu halten. Der Zug schwankte jeden Morgen, wenn die Geiseln und die Molukker auf dem Gang ihre Liegestützübungen machten. Andere ließen ihre Arme kreisen.

Es war nicht zu übersehen, daß die Molukker manchmal ziemlich nervös waren. Sie versammelten sich regelmäßig in einem Reservewagen, der für Reisende eingerichtet worden war, die keinen Sitzplatz bekommen hatten. Hier gab es einige Klappsitze und eine Menge Stehplätze. Wir nannten diese Versammlungen »Mut-Sitzungen«, weil die Molukker stundenlang redeten und offensichtlich versuchten, sich gegenseitig

Mut zuzusprechen. Als wir dem Gesumme ihrer Stimmen an der Tür lauschten, wagten wir nicht zu sprechen oder irgendein Geräusch zu machen. Keine Musik kam durchs Radio, nicht einmal die Molukker-Tonbänder, die sie sonst oft für uns laufen ließen. Wir stießen alle Seufzer der Erleichterung aus, wenn diese endlosen Versammlungen vorüber waren, und wir zu unseren gewöhnlichen Beschäftigungen zurückkehren konnten.

Trotz der schweren Last auf seinen jungen Schultern vernachlässigte Max nie unsere geistlichen Gespräche. Wenn ich jetzt zurückblicke, wird mir klar, daß ich für ihn mehr Glaubenszeugnis abgelegt habe, als für irgendeinen anderen in meinem ganzen Christenleben.

Er überraschte mich bei einer solchen Unterredung durch folgende Worte: »Weißt du, Mini, ich bete jede Nacht um Vergebung zu Gott wegen dieser Zugbesetzung – jede Nacht. Gott ist gerecht, aber ich bin sicher, er versteht meine Motive. Ich bin froh, daß kein Mensch mein Richter ist, sondern allein Gott.«

Max war begierig zu erfahren, warum ich mein Zuhause verlassen hatte und für drei Jahre zur Bibelschule in Den Haag gegangen war. »Ich ging, weil ich Jesus vielen Menschen näherbringen wollte«, erklärte ich ihm. »Ich arbeitete den ganzen Tag in der Teestube meiner Gemeinde in Groningen. Wegen meiner geringen Bibelkenntnis fand ich es manchmal schwierig, den jungen Leuten in der Teestube auf ihre geistlichen Fragen zu antworten.

Der Kursus war mir eine große Hilfe und gab mir ein umfassendes Verständnis von Gottes Wort. Ich mußte auch praktisch arbeiten, z. B. als Zeuge für Drogensüchtige oder andere verzweifelte Menschen im Amsterdamer Untergrund. Da waren schon Erfahrungen zu sammeln.

Aber der wichtigste Grund war vielleicht, daß ich vorbereitet würde, dich, Max, den Forderungen Jesu Christi gegenüberzustellen . . .« Das verlangte nun wieder ein weiteres Gespräch mit Max.

Als ich in den Wagen zurückkam, kam Saskie, unsere lachende Hausfrau, zu mir und sagte, sie hätte in meiner Bibel gelesen (ich hatte sie ihr geliehen) und wäre auf folgende Verse gestoßen:

Freuet euch in dem Herrn allewege! Und abermals sage ich: Freuet euch! Eure Lindigkeit lasset kund sein allen Menschen! Der Herr ist nahe! Sorget nichts, sondern in allen Dingen lasset eure Bitten im Gebet und Flehen mit Danksagung vor Gott kund werden. Und der Friede Gottes, welcher höher ist denn alle Vernunft, bewahre eure Herzen und Sinne in Christo Jesu!

Phil. 4, 4–7

»Ist das nicht ein wunderbares Versprechen, Mini?« sprudelte es aus ihr heraus.

»Ja, Saskie«, antwortete ich. »Ein wunderbares Versprechen.« Meine Bibel wurde immer kostbarer, je länger die Besetzung dauerte. Ich vertiefte mich täglich darin, und immer und immer wieder las ich jene wertvollen Verse aus den Sprüchen. Ich verstand immer noch nicht, warum ich in diesem Zug eingesperrt war, aber ich wurde durch den Vers getröstet, auf den ich im Brief an die Römer stieß:

Wir wissen aber, daß denen, die Gott lieben, alle Dinge zum Besten dienen, denen, die nach dem Vorsatz berufen sind (Röm 8, 28).

Ich wußte, daß ich von Gott beauftragt war, ihn hier im Zug zu bezeugen und daß er mir dieses entsetzliche Erlebnis zum Besten dienen lassen würde. Wie der Apostel Paulus sagt, konnte ich jetzt nur durch einen dunklen Spiegel sehen, aber später würde mir durch Jesus alles offenbar werden. Der Friede, den ich in Christus in diesem Zug fand, verwandelte mich von einer schüchternen und hilflosen Mini Loman in eine neue, die nicht aufhören konnte, anderen von Jesus zu sagen und Gott zu preisen.

Doch das bedeutet nicht, daß es keine Probleme in unserem angehaltenen D-Zug mehr gab. Unter uns waren zwei schwangere Frauen, und je mehr Stunden vergingen, desto bedrückter und elender wurden sie. Wir erkannten alle, daß, wenn ihnen irgend etwas zustoßen würde, sich die öffentliche Weltmeinung völlig gegen die Südmolukker richten würde. Eine Schwangerschaft kann manchmal schon unter normalen Umständen beschwerlich sein, aber unter so unmöglichen Gegebenheiten eingesperrt zu sein, war für die Frauen und ihre noch ungeborenen Kinder wirklich lebensgefährlich.

Die beiden Frauen – Anny Brouwer und Nelleke Ellenbroek

– machten uns ernstlich Sorgen. Man konnte förmlich sehen, wie sich die Furcht auf ihren hübschen Gesichtern eingrub. Ihre Beine waren geschwollen, und manchmal waren sie einem Nervenzusammenbruch nahe. Sie hatten große Angst um ihre ungeborenen Kinder. Wer wollte sie tadeln, sie waren in der Tat in einer verzweifelten Lage!

Am 13. Tag bekam Rosemarie, die Medizinstudentin, solche Bedenken, daß sie zu Max in seine Befehlsstelle ging.

»Die Frauen können ernstlich krank werden, wenn sie nicht bald freigelassen werden. Wie werden Sie dann dastehen, Max? Man wird alle Achtung vor Ihnen verlieren«, sagte sie.

Die Spannung im Zug, wie seine Entscheidung wohl ausgehen würde, war fast unerträglich für uns alle, besonders aber für die leidenden Frauen. Ich erinnere mich, daß ich den Herrn Jesus bat, für sie einzutreten. Dann fühlte ich in tiefem Frieden, daß sich etwas Gutes ereignen würde. Die Luft in unserem Wagen war mit Spannung geladen, als Max hereinkam und seinen Freispruch verkündete. »Die beiden Frauen sind freizulassen!« sagte er ruhig. Man konnte tiefe Seufzer der Erleichterung hören, und ich flüsterte: »Danke, Herr.«

Die Frauen zitterten vor Rührung, vermochten aber ihre Tränen zurückzuhalten. Ich weiß nicht, wie sie es fertigbrachten, denn ich hätte soviel Tränen vergossen, daß man einen ganzen holländischen Kanal damit hätte füllen können.

Als sie ihre Sachen zusammensuchten, kritzelte ich schnell eine Zeile für meine Eltern. Der Inhalt war nur: »Macht Euch keine Sorgen. Es geht mir gut. Mini.« Ich gab Anny die Notiz und bat sie, sie möge versuchen, diese meinen bekümmerten Eltern zu geben. Unter die Zeile schrieb ich die Telefonnummer, damit Anny sie auch anrufen konnte. Die beiden Frauen lächelten und winkten uns zu, als sie den Bahnkörper hinunterkletterten und vorsichtig ihren Weg über die Felder zu den Soldaten, d.h. zu ihrer Rettung einschlugen. Sie wurden schnell in Krankenwagen eingeladen und zum Universitätskrankenhaus nach Groningen gefahren. Dort fand Anny meine Eltern in dem Krisenzentrum, das für unsere Verwandten eingerichtet worden war. Ich hoffte, meine Notiz würde sie ein bißchen beruhigen.

Das nächste Problem brachte ein Mann, der ein schweres Herzleiden hatte. Er hatte außerdem eine fürchterliche Geschwulst an der Kehle, die stündlich größer wurde. Niemand von uns wußte, was es war, aber wir konnten sehen, daß er bald sterben würde, wenn man nichts unternahm.

Max hatte den kranken und erschrockenen Mann in unseren Wagen verlegt, und wir taten alles, was wir konnten, um ihn zu trösten. Er war jedoch tief deprimiert, und unsere Worte erreichten ihn kaum.

Rosemarie machte noch einmal ein Gnadengesuch bei Max. »Bitte, lassen Sie ihn gehen. Er ist schwer krank. Ihn sterben zu lassen, wird Ihnen bei Ihrem Anliegen nicht dienlich sein.«

Wieder sagte Max, der nie sofort entschied, er brauche Zeit, die Sache zu überdenken. Dann kam er in unseren Wagen und verkündete: »Der Mann kommt auch frei.« Es wurde spontan geklatscht, und der Mann lächelte zum ersten Mal seit Tagen. Er suchte zitternd seine Sachen zusammen und winkte uns zu, während er langsam die Wagenstufen hinunterkletterte und der Freiheit zuwankte. Rotes-Kreuz-Personal war mit einem angeforderten Krankenwagen angekommen, um ihm bei seiner Entlassung in Freiheit und Sicherheit behilflich zu sein.

Das Leben im Zug wurde uns fast zu einer Gewohnheit. Ich fand es sehr widerlich, ständig schmutzig zu sein, aber es gab keine andere Möglichkeit. Die beiden Männer, die den Auftrag hatten, uns zu versorgen, brachten bei jedem Besuch eine große Kanne mit Wasser. Es mußte dennoch rationiert werden. Dies bedeutete, daß man jedem zum Waschen nur eine Tasse Wasser bewilligte. Ich gab daher das Zähneputzen auf und versuchte, mich darauf zu konzentrieren, mit diesen wenigen kostbaren Tropfen Wasser mein Gesicht und meine Hände zu waschen. Zu dieser Verrichtung gingen wir abwechselnd in die Zugküche. Manchmal mußte ich über die unbeabsichtigte Situationskomik innerlich lachen.

Gelegentlich ließ Max ein paar Männer aus ihrem unglaublich engen Abteil zum Schlafen in unseren Wagen gehen. Unser Verständnis und unsere Kameradschaft waren so, daß es keinem auch nur das Geringste ausmachte, unser Nachtlager mit ihnen zu teilen.

Wir waren alle in demselben Boot, und manche Dinge bedeuteten da nichts mehr . . .

Und so verging die Zeit. Wir versuchten, das Beste aus dem gewohnten Tagesablauf zu machen. Jede Nacht machten wir die Runde und legten mal hier, mal da die Kissen auf jeden nur verfügbaren Platz im Gang. Hier konnten wir einduseln und versuchen, etwas Schlaf abzukriegen, um unserem Alptraum im Wachzustand zu entfliehen – einem Alptraum, der ohne Ende zu sein schien.

Das Warnsignal der Halsschlinge

In der ersten Woche unserer Gefangenschaft hatten die Terroristen Schlingen um den Hals von drei Geiseln gelegt, die hilflos am Bahngleis neben dem Zug standen. Knebel steckten in ihrem Mund, um ihre Augen waren Binden gelegt, und für mehrere Minuten waren die beiden Männer und ein Mädchen gezwungen, dieses bizarre Bilderrätsel mitzumachen. Man wollte damit die niederländische Regierung zwingen, die Forderungen der Molukker zu erfüllen.

Die Welt beobachtete mit Schrecken über Fernsehen und Presse, wie die Terroristen drohten, ihre Opfer öffentlich an den Fenstern des Zuges zu erhängen. Ihre Demonstration bedeutete, daß sie die Geiseln töten würden, wenn ihre Forderungen nicht eingehalten würden. Laßt euch durch die Schlinge warnen!

Seltsamerweise war das Opfer-Trio nicht allzu ängstlich. Es war ihnen vorher in einer langen Unterredung mit den Molukkern gesagt worden, daß ihnen kein Leid zugefügt werde.

Eins der »Opfer« war die hellblonde Roelie Brinkmann. Die Terroristen hatten ihr gesagt, sie beabsichtigen nicht, ihr weh zu tun. »Du bist zu jung zum Sterben«, sagte einer.

Zuvor prägten die Molukker den Dreien ein, daß sie unter keinen Umständen sich anmerken lassen dürften, daß sie sich nicht fürchteten. So blickte jeder von ihnen befehlsgemäß äußerst erschrocken. Nach meiner Meinung hatten sie vollkommen recht, besorgt zu sein, denn niemand von ihnen wußte wirklich, ob ihre »Häscher« ihnen die Wahrheit sagten oder nicht. Wenn holländische Soldaten versucht hätten, die Geiseln zu befreien, hätten die Molukker vielleicht tatsächlich die Stricke angezogen und so ihre Opfer erhängt.

Es gelang mir, einen Schlitz in eine das Fenster verdeckende Zeitung zu reißen, so daß ich dieses schauderhafte Schauspiel draußen beobachten konnte. Es schien alles so unwirklich – die drei standen so still und hilflos da, die Stricke hingen lose um ihren Hals. Wir konnten keine Spur von Soldaten sehen, doch wir vermuteten, daß Beobachtungsposten da waren, sonst wäre ja diese ganze seltsame »Vorstellung« sinnlos gewesen.

Nach einer Zeit, die wie eine Ewigkeit schien, wurden die Schlingen von ihrem Hals entfernt, die Knebel und die Augenbinden abgenommen, und sie wurden angewiesen, wieder in den Zug zu gehen.

Niemand von uns sprach ein Wort, als sie reinkletterten, aber wir begrüßten sie mit dem Lächeln unserer Augen, und sie lächelten zurück, als ob sie sagen wollten: »Danke für eure Anteilnahme.«

In der letzten Woche wurde die ganze Atmosphäre im Zug anders. Die Luft war wie vergiftet, und man spürte die Verzweiflung auf beiden Seiten. Es war, als ob Gewalt die einzige Lösung sein würde, und jeder von uns wußte das. Einige würden sterben. Aber wer? Und wie?

Als ich Max an diesem Abend besuchte – dem 19. Tag des Überfalls –, hätte ich nie vermutet, daß es unser letztes Gespräch sein würde und vielleicht seine letzte Gelegenheit, auf den Ruf Jesu Christi zu antworten. Ich saß neben Maryke, die dieses Mal mit mir gekommen war. Wir schauten in sein Maschinengewehr, es schien so, als ob sich nichts geändert hätte. Die Zeit hatte stillgestanden.

Max sah mich traurig an und sagte: »Mini, das Ganze hier kann noch einmal sechs Wochen dauern.« Ich mußte erkennen, daß sich die Zeit doch geändert hatte – und zwar auf dramatische Weise. Zugleich wußte ich, daß viele Leute im Zug, die Bewaffneten eingeschlossen, einer Zeit von nochmal sechs Wochen nicht gewachsen sein würden. Max sah völlig verzweifelt aus, als er mich mit glasigen Augen anstarrte. Ich glaube, er hatte nicht erwartet, daß die Besetzung so hart werden würde. Er hatte zweifelsohne angenommen, daß die holländischen Unterhändler schnell nachgeben würden, doch sie wichen keinen Zoll zurück. Es mußte ein vollständiges Nachgeben auf beiden Seiten sein, oder alles war umsonst gewesen. Es war eine unmögliche Lage für uns alle.

In diesem Augenblick wurden Maryke und ich zum Abendessen gerufen. Max bat mich dringend, um Punkt 19.30 Uhr zurück zu sein. Ich hielt mich daran.

»Was soll ich tun?« fragte Max mich, seine einst stahlblauen Augen waren nun blutunterlaufen und blickten sehr müde.

Ich starrte ihn bestürzt an und wußte nicht, was ich sagen

sollte zu seiner seltsam tragischen Erscheinung. »Meinst du, daß ich durch Fasten eine Antwort erhalten könnte, Mini?« fragte er.

Früher hatte ich Max erzählt, daß ich viel vom Fasten für den Herrn Jesus hielt. Mehrere Jahre hindurch hatte ich es gelegentlich praktiziert. Es hatte mir nicht nur rechten Segen gebracht, sondern auch geholfen, meinen Geist vorzubereiten und Anweisungen von Ihm, meinem Herrn, zu erhalten. In der Bibelschule fastete ich regelmäßig einen Tag in der Woche.

»Warum fasten wir beide nicht zusammen, Mini? Dann könnte ich eine Antwort von Gott erhalten, was ich als nächstes tun soll«, sagte er und klammerte sich verzweifelt an alles, was diese schrecklichen Wirrsale vielleicht zu lösen vermocht hätte.

Ich wußte nicht, wie ich meine Antwort Max gegenüber formulieren sollte, denn ich wollte ihn nicht verletzen. Aber ich wußte, ich mußte ehrlich mit ihm und mit mir selbst sein. Dies war eine Situation auf Leben und Tod, und wir beide konnten bald tot sein. Wir durften auf keinen Fall eine Art frommes Spiel treiben. Dies war ja nackte Wirklichkeit. Ich bat den Herrn, mir die rechten Worte zu geben.

Ich holte tief Luft und legte ihm dann meinen herzlichen und aufrichtigen, aber schmerzlichen Rat vor. »Max, du kannst nicht fasten, bevor du vor dem Herrn recht dastehst. Du mußt Gott an die erste Stelle setzen, ihm den Vorrang geben. Zuerst mußt du eine persönliche Verbindung mit Jesus Christus haben, dann erst kannst du fasten«, sagte ich. »Du hast Gewalt angewendet, um diesen Zug zu nehmen, und das ist vor Gott ganz sicher nicht recht.«

Max schaute mich bei meiner Auslegung enttäuscht an, er respektierte jedoch mein offenes Reden. Er erzählte mir, wie verzweifelt er wünschte, Gottes Stimme in dieser Angelegenheit hören zu können. Er wollte wohl eine positive, d. h. ihm annehmbar erscheinende Antwort haben. Die augenblickliche Situation quälte ihn entsetzlich. Max wußte, wie viele moderne Menschen unserer Zeit, verstandesmäßig alles über Gott. Dennoch wagte er den Sprung des Glaubens nicht, der aber notwendig ist, um Gott wirklich kennenzulernen. Er war ein tiefsinnig veranlagter und aufrichtiger junger Mann, der in eine auswegslose Lage hineingeraten war, aus der es kein Entrinnen gab.

Unsere Unterhaltung dauerte von 19.30 Uhr bis 23.00 Uhr. Den ganzen Abend über war es kein leichtes Reden. Es war ein hart geführtes Gespräch. Zum Schluß sagte ich ihm, daß Rettung keine Sache sei, die man leichtnehmen dürfe. Eine Entscheidung – wie auch immer – setzt fest, wo man die Ewigkeit verbringt, und es konnte sein, daß Max dicht vor der Ewigkeit stand.

»Du mußt dein Leben Christus übergeben, Max.« Ich fühlte mich gedrungen, es ihm noch einmal zu sagen. »Du mußt dich persönlich entscheiden!«

Er wiederholte, daß er eine Antwort vom Herrn wünsche, was er bei der Besetzung tun solle. Es war ein verzweifelter Max, den ich an diesem Abend sah, ein Max, der irgendwie fühlte, daß sein Ende nahe war.

Um 23.00 Uhr wußte ich nichts mehr zu sagen. Ich konnte es nur noch Gottes Heiligem Geist zutrauen, daß er in Max' Leben wirkte.

»Kannst du mir etwas geben, was mich an dich erinnert?« fragte er traurig und schaute dabei auf mein goldenes Armband.

»Ich werde etwas für dich suchen und es dir dann morgen geben«, versprach ich ihm. Vielleicht hätte ich ihm das Armband geben sollen, aber ich wollte erst in meiner Handtasche nachsehen, ob da nicht etwas Passenderes für ihn war.

»Jetzt muß ich gehen, Max. Ich werde für dich beten. Das verspreche ich dir«, sagte ich schweren Herzens. Ich fühlte, wie mir die Tränen in die Augen schossen, als ich ihm »Auf Wiedersehen« sagte. Er saß so schrecklich allein und gebrochen im Wagen. »Ich werde für dich beten, Max«, wiederholte ich fest.

»Danke, Mini, ich brauche deine Gebete«, sagte er.

Als ich in das dunkel gewordene Frauenabteil zurückkam, konnte ich erkennen, daß Maryke ziemlich besorgt aussah. Sie wollte wissen, was Max zu mir gesagt hatte. Ich sagte ihr, daß Max wirklich der Meinung sei, die Besetzung könne noch einmal sechs Wochen dauern. Bei dieser Nachricht ließ sie den Kopf sinken. Genau wie ich wußte sie, daß das auf der ganzen Linie Unheil bedeutete.

Während einige der Geiseln schnarchten und andere zu schlafen versuchten, flüsterten wir uns gegenseitig zu. »Ich habe ein sonderbares Gefühl heute nacht, Mini«, sagte sie. »Die Atmosphäre ist so gespannt.«

»Ich habe das gleiche Gefühl«, sagte ich zu ihr. »Wir müssen im Blick auf dies alles beten.« Ich wußte nicht, ob sie Christin war oder nicht, doch ich fühlte, ich mußte das sagen. »Bist du Christin?« fragte ich. Sie schaute mich nur an.

Ich fuhr fort: »Ich bin durch all dies sicher verändert worden. Denk doch, sie haben alle Gewehre und können uns alle jederzeit erschießen. Unser Leben liegt in ihrer Hand. Was geschieht mit dir, wenn sie dich töten, Maryke? Wohin wird deine Seele gehen?«

Sie blickte erschrocken bei meinen Ausführungen und sagte: »Alles, was ich sagen kann, Mini, ist das: Sollte ich hier lebend rauskommen, werde ich mein Leben ändern. Ich will manches anders machen als bisher.«

Ich fragte sie dann, ob sie an die Macht des Gebetes glaube, und sie nickte. »Gut, bete, wie du es niemals vorher getan hast, denn wenn die andern herauskriegen, daß sie eventuell noch einmal sechs Wochen im Zug verbringen müssen, werden sie verrückt«, sagte ich.

Das Gefühl, daß sich in dieser Nacht etwas anbahnte, verstärkte sich. Die enttäuschten Molukker hatten den ganzen Tag über Messer an die Wand geworfen. Ich wußte, schon ein einziges falsches Wort von einem von uns konnte tödliche Konsequenzen haben.

Ich zog mich in wirrem Zustand aus und legte mich für eine weitere Nacht im Zug hin, meine Lieblingstexte aus dem Römerbrief und den Sprüchen kamen mir wieder in den Sinn. »Bitte, Herr, führe alles in diesem Zug zum guten Ende«, betete ich. »Sonst weiß ich nicht, was passiert.«

Es hatte in den letzten Tagen viel Betrieb am und im Zug gegeben. Führer der Südmolukker-Gemeinschaft in Holland hatten uns zweimal besucht. Dr. Hassan Tan und Frau Josina Soumokil waren stundenlang im Zug gewesen und hatten am vorletzten Tag mit den jungen Leuten gesprochen. Wir hatten ihre Ankunft beobachtet. Doch zum Schluß mußten sie zugeben, daß ihre Vermittlungsversuche vergeblich waren. Später gaben sie einen Bericht heraus, in dem sie erklärten, Holland stände womöglich kurz vor einem Rassen-, d. h. Bürgerkrieg. Sie warnten uns vor den eventuellen schrecklichen Folgen.

Beide, die Regierung wie die Terroristen hier im Zug und in der Schule, müßten ihre Forderungen zurücknehmen.

Ihr Bericht lautete: »Wir haben völlig versagt, die jungen Männer im Zug zu überreden, daß sie ihre Meinung änderten. Leider ist es uns auch nicht gelungen, die holländische Regierung von dem Ernst und der Entschlossenheit zu überzeugen, mit der diese jungen Leute ihre Ziele zu erreichen versuchen.«

In ihrer Mitteilung sprachen die beiden Vermittler von »einer ernsten Lage«, die nun wegen der festgefahrenen Haltung beider Seiten entstanden war. »Die Holländer und die Südmolukker müßten wissen, wie gefährlich die Folgen sein könnten.«

Sie fügten hinzu: »Wir appellieren mit großem Ernst an die Holländer und an die Südmolukker, Schritte des Friedens zu gehen.«

Wir erfuhren später, daß eine Abordnung von unseren Verwandten die holländische Regierung zu derselben Zeit gebeten hatte, sich vor einem bewaffneten Angriff mit ihnen zu beraten.

Man hatte ihnen gesagt: »Wir teilen Ihre Sorgen, aber es ist unmöglich, sie in die Waagschale zu werfen, wenn die Regierung sich der Notwendigkeit gegenübersieht, eine lebenswichtige Entscheidung zu treffen.« So verkündete ein holländischer Regierungssprecher den wartenden Reportern.

Was niemand von uns wußte, war, daß die Südmolukker eine Todesliste angefertigt hatten. Innerhalb weniger Tage sollten einige von uns Geiseln im Zug erschossen werden, wenn die Forderungen nicht erfüllt würden. Ich denke, die Liste wurde den beiden Molukker-Vermittlern übergeben, und diese versuchten, die jungen Leute zu überreden, ihre Drohung nicht zu verwirklichen.

Dies war offensichtlich eine verzweifelte Lage, die sofortiges Eingreifen – und zwar mit Gewalt – verlangte.

»Wer das Schwert nimmt . . .«

Die Sonne ging auf und Nebelschwaden erhoben sich langsam über dem Zug. Es war der Morgen des 11. Juni 1977. Ich wurde unsanft geweckt durch den ohrenbetäubenden Lärm von Düsenjägern, die dicht über meinem Kopf herabschossen. Schlaftrunken schaute ich auf meine Armbanduhr. Es war genau 4.53 Uhr.

»Was ist los?« schrie jemand, als das Krachen von Granatwerfern mit dem Rattern der Maschinengewehre sich zu tödlichen Mißklängen vereinte. Im Abteil brach schon jetzt völlige Panik aus.

Zwei Düsenjäger stürzten aus den Wolken herab und jagten dicht über dem Zug dahin. Ihre Feuerfahnen glühten rot auf unter furchtbarem Geheul. Sie waren kaum abgekippt, da rasten schon zwei andere heran, und dann noch einmal zwei. Zum Schluß schossen sechs Starfighter immer neu von oben herab, sie flogen dicht hintereinander.

Einen jungen Soldaten sah man losjagen, sein Maschinengewehr von der Schulter reißen und bäuchlings durch das Gelände robben. Er fand Deckung hinter einem Baum und fing an, seine Geschosse in den Zug zu jagen. Schon folgten ihm viele andere nach. Die Erde bebte von den vielen schweren Explosionen aus ihren Maschinengewehren. Die Terroristen im Zug sollten kopflos gemacht werden. Auf den nahen Feldern rannten Rinder und Pferde durcheinander – wild geworden vor Schreck.

Kurz bevor holländische Marinesoldaten – viele von ihnen mußten bei dem furchtbaren Gewitter in der letzten Nacht näher an den Zug herangeschlichen sein – zum Zug rasten, ließen die Düsenflugzeuge Rauchbomben fallen, um sie beim Stürmen zu schützen. Helle, rosafarbene Leuchtzeichen schwebten über dem Zug. Ein Stoßtrupp von 65 Soldaten sprengte die Wagentüren mit einem besonderen Sprengstoff auf und konzentrierte dann sein Feuer auf die ersten beiden Abteile, in denen sie Max und seine Kameraden schlafend wußte.

Blut tropfte seitlich aus den Bodenleisten des vorderen

Wagens. Es war Blut von den fünf Terroristen, die bei dem Angriff getötet worden waren – auch das Blut von meinem toten Freund Max.

Tot war auch die hübsche 22jährige Terroristin Hansina Uktolseja, die noch im Sterben ein Gewehr in ihrer Hand hielt. Sie war den meisten von uns ein Rätsel gewesen. Sie sprach, wenn überhaupt, sehr selten. Wir hatten keine Ahnung davon gehabt, daß sie nur mitmachte, weil sie hoffte, ihren gefangenen Freund freizubekommen. Während der ganzen Besetzung sagte sie nur ja oder nein zu uns und verbrachte die meiste Zeit allein hinten im Zug, weder mit uns noch mit ihren Kameraden tat sie sich zusammen. Ihre Arbeit bestand eindeutig darin, das Ende des Zuges zu überwachen – und sie nahm diese Aufgabe sehr ernst. Für Spiele und Scherze hatte Hansina keine Zeit. Nun lag auch sie tot da.

Ich hörte einen Soldaten draußen hastig durch einen Schalltrichter schreien: »Hinlegen, hinlegen.« Rauch stieg durch unser zerbrochenes Wagenfenster, als die grausame Kriegsfurie pausenlos weiterging. Ich warf mich auf den Boden und sagte immer wieder laut: »Jesus, Jesus«, während der unglaubliche Schlachtenlärm anhielt.

Einer von den Südmolukkern, der noch lebte, schwankte in unser Abteil und schrie uns alle an aufzustehen. Er war offensichtlich auf Rache aus. Rien van Baarsel, ein großer, gutaussehender Mann von 40 Jahren, der während der ganzen Besetzung an Atemnot litt und der oft Sauerstoff von Rosemarie bekommen hatte, wurde von Panik ergriffen und stand auf. Er hatte in unserem Abteil geschlafen, so daß sie ihn verarzten konnte, wenn er einen Anfall bekam. Der rasende, kraushaarige Molukker fing an zu schießen. Rien wurde getroffen, er brach schreiend zusammen und starb auf dem Sitz, auf dem ich kurz vorher noch geschlafen hatte.

»Hilfe, ich muß sterben«, brachte er noch mit erstickender Stimme heraus. Der Molukker hielt nach weiteren Opfern Ausschau. Keiner wagte sich die paar Meter zu Rien hin, um ihm beizustehen. Rien war Lehrer an einer Technischen Schule gewesen. Der Terrorist knallte nun seine Geschosse ringsumher. Als er einen Moment lang Pause machte, stürzte ich mich auf den Sitz, dessen Rückenlehne ein wenig Schutz bot vor dem Wildgewordenen.

Rien war nun schon tot und lag quer über meinem früheren Sitzplatz. Die Leute in dem Wagen schrien hemmungslos.

Mir gegenüber saß ein anderer Mann mit einer Decke über dem Kopf. Er rief pausenlos: »Nicht schießen, nicht schießen!«

Der Terrorist kam zu Maryke rüber, der Medizinstudentin, mit der ich in der vorhergehenden Nacht gesprochen hatte. Er richtete sein Maschinengewehr auf ihre Brust und feuerte los. Die Kugel durchfuhr ihren Körper und kam auf dem Rücken heraus. Sie wurde weiß.

»Bist du verletzt?« flüsterte ich mitten in dem Chaos. »Ich glaube, ja«, keuchte Maryke und faßte nach ihrer Brust. »Ja, tatsächlich.«

Ich erwartete, daß Maryke schnell sterben würde, aber wie durch ein Wunder überlebte sie. Sie riß ihre Bluse aus und band sie um die klaffende Wunde.

Später besuchte ich Maryke dreimal im Krankenhaus und fragte sie: »Glaubst du, daß Gott dein Leben gerettet hat?« Sie nickte und wußte, es war wahr. Ich gab ihr eine Bibel und sagte: »Sie ist für dich, Maryke, benutze sie.« Maryke geht es jetzt gut, und sie ist wieder vollständig hergestellt.

Dann hörte ich eine Frau im Extra-Abteil schreien, in dem die Molukker ihre endlosen »Mut-Versammlungen« abgehalten hatten. Sie keuchte: »Ich bin blind geworden. Ich kann nichts sehen. Ich muß sterben.« Es war Ansje Monsjou. Dann wurde sie still, ein weiteres Opfer dieser Gewalt. Ansje war das Mädchen, das seinen 19. Geburtstag nicht im Zug feiern wollte. Wir haben nie ganz herausgekriegt, wie Ansje starb. Alles, was wir wußten, war, daß mit ihr wieder einer unserer Freunde getötet worden war.

Mittlerweile hatte der verrückte Molukker seine Waffe fast leer geschossen. Rosemarie Oostveen litt an einer Schrapnellwunde an ihrem Bein. Einem andern Mädchen war das Auge an der Seite verwundet, so daß es zeitweise blind war. Zwei tote und acht verwundete Geiseln waren das grausame Lösegeld zu unserer Befreiung. Sechs Terroristen lagen auch tot da.

Unser wahnsinnig gewordener Terrorist stand jetzt an den Türen auf der Lauer wie ein Löwe, der vor dem Sprung auf seine Beute die Krallen streckt. Er war sichtlich darauf aus, einen aus der Truppe zu erledigen. Doch die Marinesoldaten schlichen durch eine andere, mit Hilfe von Schneidbrennern aufgesprengte Tür, und packten den Molukker gewaltsam von hinten. Sie banden ihm die Hände zusammen und schafften ihn aus dem Zug.

Wir hörten später, daß ein Zugmodell viel zu unserer Errettung beigetragen hatte. Die niederländische Eisenbahn-Gesellschaft hatte ein genaues Modell des Zuges besorgt. Die Militärs, die den Plan zum Überfall entwickelt hatten, setzten die exakt gekennzeichneten Pappkartonwagen bzw. Abteile in der Reihenfolge aneinander, in der sie die Terroristen und Geiseln vermuteten.

Die verantwortlichen Stellen hüteten ihr Geheimnis sehr, daß sie um die gewohnten Schlafplätze im Zug Bescheid wußten. Als die Marinesoldaten hereinstürmten, konzentrierten sie ihr Feuer daher auf die vorderen Abteile, wo, wie sie wußten, die Terroristen ihre Befehlszentrale eingerichtet hatten.

Es scheint, daß Max und seine Freunde völlig überrascht wurden, weil sie in der Tat auf ihre Angreifer nicht zurückschossen. Es ging alles so schnell.

Mit einem gleichzeitigen Angriff in der Schule befreite ein Trupp Soldaten die vier Lehrer, die von vier Molukkern als Geiseln festgehalten worden waren. Eine Lehrerin wurde leicht verletzt, die drei anderen und die Terroristen blieben unverletzt. Der Angriff in der Schule war natürlich schneller vorbei und nicht so heftig wie bei uns. Ohne Vorwarnung donnerte eine Panzerkolonne aus einer Entfernung von etwa 275 Meter in die Schule hinein. Das Leitfahrzeug pflügte eine Öffnung, durch die die Molukker rannten, während die Scharfschützen sie in Schach hielten.

Die vier Lehrer, zwei Männer und zwei Frauen, wurden von anderen Soldaten durch eine Seitentür herausgeholt. Auf einer Bahre wurde die leicht verletzte Frau herausgetragen.

Nach einer fünfminutigen Schießerei, bei der einer der Molukker versuchte, über die Felder zu flüchten, wurden die vier »Pistolenmänner« überwältigt. Dann wurden die Panzer zurückgezogen.

Wenige Minuten später wurden die Molukker einzeln in den Schulhof gebracht. Sie mußten sich mit auf dem Rücken gebundenen Händen auf den Boden legen und wurden dann mit Polizeifahrzeugen abtransportiert.

Doch zurück zu unserem Zugwrack. Ein holländischer Soldat betrachtete die Zertrümmerung in unserem Wagen und bemerkte: »Wie konnte da jemand lebend rauskommen? Das ist ein Wunder.«

Wände, Decken, Fußböden und Fenster des Abteils waren völlig durchsiebt von all den Geschossen. Schreckliche Erinnerungsmale, die uns immer an die nur wenigen Minuten des wilden, wüsten Kampfgeschehens erinnern sollten. Niemand von uns könnte sie je vergessen.

Unsere Leute lagen da: schluchzend, wie betäubt, völlig aus den Fugen geraten, doch glücklich. Während dieser kurzen Augenblicke am Ende der »Schlacht« schmolzen alle Gefühle zu einem einzigen zusammen. Ich faßte meine Arme, Beine und mein Gesicht an. Ja, es war alles unversehrt. Ich lebte noch. Gott sei Dank, ich lebte noch!

Aber was war mit dem armen Rien los, dessen bewegungsloser Körper ein paar Meter von mir entfernt lag, ein Kugelloch im Rücken? Er hatte nicht überlebt. Ich dachte an seine Frau und seine beiden kleinen Kinder, von denen er oft gesprochen hatte. Rien hatte immer großen Wert auf sein Aussehen gelegt. Er rasierte sich täglich, etwas, was bei den anderen Männern nicht mehr üblich war. Jetzt war Rien tot – wozu nur?

Ich guckte mich nach den verwundeten Frauen im Wagen um und hätte sie am liebsten alle umarmt. Sie waren meine Freundinnen in diesen unglaublichen 20 Tagen gewesen, und ich hatte sie liebgewonnen. Ich liebte sie wegen ihres Mutes und wegen ihrer Freundschaft zu mir und vor allem, weil Jesus sie auch liebte.

Einige hatten einen zu großen Schock, um sprechen zu können. Andere redeten ununterbrochen vor lauter Nervosität.

»Ich kann es nicht glauben, Mini, aber alles ist vorbei. Wir sind frei«, sagte eine von ihnen.

»Wir sind frei!« bestätigte ich.

Inzwischen hatte sich ein Ärzteteam in den Zug gedrängt und begann, den Verletzten Notverbände anzulegen.

»Kommen Sie hierher, junge Frau, wir haben eine Bahre für Sie«, sagte einer der Krankenträger, als ich barfuß auf die mit Glassplittern bedeckte Böschung trat. Mein Gesicht war jetzt gänzlich schwarz vom Rauch der Geschosse, und ich hatte schnell meinen Schlafanzug gegen die gelieferte »Regierungskleidung« ausgetauscht: braune Hosen und eine blau-weiße Wolljacke.

»Nein, das ist nicht nötig, es ist alles in Ordnung«, sagte ich zu den Sanitätern. Im selben Moment hob mich einer der Zuschauer auf seine Arme und ordnete an, ich sollte mich ganz artig auf die Bahre legen. Als ich über die Felder zu einem Zelt, das als Notkrankenhaus in der Nähe aufgebaut worden war, dahinschaukelte, konnte ich nicht aufhören, Jesus dafür zu danken, daß er mich durch diese Feuerprobe hindurchgebracht hatte.

»Herr, alles, was ich weiß, ist, daß ich den Rest meines Lebens damit verbringen will, dir zu dienen«, sagte ich laut. »Solange ich lebe, gibt es für mich nur Christus, nur Christus allein. Etwas anderes zählt nicht mehr.« Die Sanitäter mögen gedacht haben, ich wäre übererregt.

Als ich im Zelt-Krankenhaus ankam, schrieb eine Schwester meine Adresse auf ein Stückchen Stoff, das dann um meinen Arm gewickelt wurde. Sie untersuchte mich kurz, um zu sehen, ob irgend etwas körperlich nicht in Ordnung war. Die Schwestern waren angewiesen, falls sie irgend etwas fanden, die Art der Verletzung auf den Armverband zu schreiben, so daß später gezielt behandelt werden könne. Glücklicherweise konnte mir ein guter Gesundheitszustand bescheinigt werden.

Uns fröhlich anlachende Helfer servierten Kaffee, und denen, die rauchen wollten, wurden Zigaretten gegeben. Ich saß nur da, nippte an meinem Kaffee und pries im stillen meinen Vater im Himmel. Ich wußte, daß Mini Loman ein ganz neuer Mensch geworden war – ein Mensch, der entrissen wurde, um in Zukunft dem Herrn Jesus Christus zu dienen.

Zwei Busse kamen an, und wir stiegen ein, um zur Universitätsklinik in Groningen gefahren zu werden, die etwa 16 Kilometer entfernt war. Viele von uns mußten einfach weinen, als wir die Tausenden von Menschen sahen, die die Straßen säumten, um zu winken und uns zuzujubeln. Einige schwenkten holländische Fahnen. Ich fühlte mich wie betäubt und winkte mechanisch immer weiter. Neben mir saß Roelie, wir fielen uns abwechselnd in die Arme, suchten Trost und wischten uns die Tränen aus den Augen. Es war für uns alle eine Zeit höchster innerer Bewegung. Ich werde sie nie vergessen. Mini Loman war auf dem Weg nach Hause. Gott sei Lob und Dank!

Tränen über Tränen

Während wir diese ergreifenden Szenen auf der Straße zum Krankenhaus durch die Busfenster erlebten, unterrichteten der holländische Premierminister Joop den Uyl und der Justizminister Andreas van Agt die Öffentlichkeit über die nach ihrer Meinung schwierigste politische Entscheidung, die sie je im Leben getroffen hatten.

»Bitte glauben Sie mir, es gab keinen anderen Weg«, sagte Herr van Agt auf einer Pressekonferenz. »Wir haben alles versucht. Wir probierten jeden nur möglichen Vermittlungsweg aus. Aber keiner erwies sich als gangbar.«

Herr den Uyl sagte in einer Rundfunkerklärung, daß die Regierung so entschieden habe, »weil wir am Ende keinen anderen Weg sahen«. Er appellierte an Holländer und Südmolukker, keinen Rachegedanken nachzugeben.

»Diesen schließlich notwendig gewordenen Gewaltakt, um die Geiselnahme zu beenden, empfinden wir als Niederlage«, fügte er hinzu.

Wir stellten später fest, daß die Entscheidung, Gewalt anzuwenden, nach fast drei Wochen ergebnisloser Verhandlungen mit den Terroristen genau an dem Freitagabend getroffen wurde, an dem ich mit Max über seine Zukunft in der Ewigkeit gesprochen hatte.

Aber die kleine, innerlich sehr ergriffene Ministergruppe erklärte, sie hätten ihre Entscheidung bereits getroffen, bevor die beiden erfolglosen molukkischen Vermittler in dieser Besetzungsaffäre ihre »letzte Warnung« abgegeben hätten, daß Gewalt unter Umständen einen Rassen- bzw. Bürgerkrieg in Holland auslösen würde.

»Wir sahen es aber nicht als Anlaß an, unsere Entscheidung zu ändern«, sagte Herr van Agt.

Der Zorn der Molukker wurde in einer Erklärung ihrer Jugendgruppe deutlich, die von einem »feigen Akt« sprach, mit dem die Besetzung beendet worden sei.

»Die Regierung muß die Verantwortung für die Konsequenzen übernehmen. Sie hielt ihr Wort nicht und setzte menschliches Leben aufs Spiel«, so die Erklärung weiter.

Aber Johannes Manusama, selbsternannter »Präsident der südmolukkischen Republik«, sagte: »Ich hoffe auch, daß das holländische Volk erkennt, daß die große Mehrheit der Südmolukker das Geschehene aufrichtig bedauert. Die Regierung hatte keine andere Wahl, als nur Gewalt einzusetzen.«

Als wir bei der Klinik ankamen, waren glücklicherweise keine Reporter da, um uns mit endlosen Fragen zu begrüßen – sie waren von den verantwortlichen Stellen zurückgehalten worden –, und Ärzte halfen uns beim Aussteigen. Mit einer kleinen Armee Krankenschwestern als Gefolge führten sie uns in den psychiatrischen Flügel des Krankenhauses, in dem eine Abteilung als Beobachtungszentrum eingerichtet war. Wir saßen in einem Raum und erhielten Kaffee und Brötchen. Ständig wurden alle angehalten, zu »berichten«. Ich hatte zwei Beobachter, die auf alles, was ich von mir gab, aufpaßten. Ich weiß wirklich nicht mehr, über was ich alles redete, ich erinnere mich nur noch daran, daß ich nicht aufhören konnte zu beteuern, wie wunderbar es ist, frei zu sein. Währenddessen mußte ich auch immer an Ansje und Rien denken und an die anderen, die gestorben waren.

Nachdem wir eine Weile beobachtet worden waren, sagte man uns, wir könnten duschen.

Ich konnte es kaum erwarten, das herrlich heiße Wasser über meinen schmutzigen Körper rinnen zu lassen, meine Haare zu waschen und mich wieder sauber zu fühlen!

Als ich in den Duschraum kam, traf ich auf eins der Mädchen, das herzergreifend schluchzte. Ich ging zu ihm und wollte es trösten, merkte jedoch, daß jetzt alle meine Gefühle in mir aufwallten. Wir begannen, uns gegenseitig etwas vorzuheulen. Minutenlang konnten wir nichts anderes tun als weinen. All die aufgestauten Gefühle dieser 20 Tage stürzten aus uns heraus wie ein Wasserfall. Es war für uns beide sehr heilsam. Nach fünf Minuten gelang es uns, unsere Fassung wiederzugewinnen. Wie schon vorher hatten uns die Schwestern auch dabei beobachtet, aber sie sagten kaum etwas bei unserem Ausbruch.

Dann gingen wir beide unter die Dusche und wuschen allen Schmutz der dreiwöchigen Gefangennahme weg. Was war das für ein himmlischer Genuß! Es war einer der freudigsten Augenblicke in meinem dreißigjährigen Leben. Mit Worten läßt sich die Erleichterung nicht beschreiben, die ich unter dieser Dusche fühlte, als ich mich einseifte und meine fettigen Haare wusch.

Dann wurden wir geröntgt. Man wollte prüfen, ob es irgendwelche Verletzungen gab, die wir oder sie nicht bemerkt hatten. Danach wurden noch einige andere medizinischen Tests mit uns gemacht.

Da ich vermutete, daß meine Angehörigen längst irgendwo im Krankenhaus auf mich warteten, fragte ich, ob ich sie sehen könne. »Gewiß, Fräulein Loman. Sie sind im Krisenzentrum, hier durch bitte«, sagte der freundliche Doktor und zeigte durch eine Tür in einen überfüllten Raum. Ich ging barfuß hinein und entdeckte meine Mutter, meinen Vater, meine drei Schwestern, ihre Männer und Kinder, sie kehrten mir alle den Rücken zu und schauten ängstlich auf eine andere Tür.

Leise ging ich auf sie zu, tippte Mutter und Vater auf die Schulter und sagte: »Hallo.« Sie drehten sich um, und wir schlossen uns alle fest in die Arme, wobei die Tränen wieder reichlich flossen – ein Sturzbach des Glücks. Ihre Tochter, die sie verloren geglaubt hatten, war nun wiedergefunden, und zwar lebendig und unversehrt. Ich weinte, weil sie weinten. Ich umarmte jeden einzelnen meiner Verwandten. Sie waren alle da: Janny, Wubby, Gini, Albert, Klaas, Ettje, Henk und Hilje und auch ihre Kinder. Es war ein bewegendes Wiedersehen. Ein großer Augenblick, den ich nie vergessen werde.

»Wir hätten es gern, daß Sie für 24 Stunden in unserem Beobachtungszentrum bleiben, dann könnten wir auf Sie achten«, sagte der Arzt bei diesem feierlichen Wiederfinden. »Sie müssen nicht bleiben, aber es würde uns und vielleicht auch Ihnen helfen. Wir möchten herausfinden, was das Besetzungserlebnis bei Ihnen ausgelöst hat.«

Unter Tränen fragte ich, ob sie was dagegen hätten, wenn ich jetzt mit meinen Verwandten in das Haus meiner Schwester Gini gehen würde, in dem ich wohnte. Wir hätten so viel zu erzählen und müßten das unterbrochene Gespräch fortsetzen.

»Nun, dann dürfen wir Sie und Ihre Familie wenigstens zum Essen einladen«, sagte der Arzt ein wenig enttäuscht.

Wir versammelten uns alle in einem großen Raum, ließen uns die Suppe, die köstlichen belegten Brote und den Salat gut schmecken. Nachdem wir unsere Mahlzeit eingenommen hatten, schloß ich mich einigen befreiten Geiseln an, und als Gruppe gaben wir eine Presseerklärung ab. Niemand wollte allein interviewt werden, deshalb fanden wir es besser, gemeinsam eine Erklärung abzugeben. In einem kurzen offiziellen Pressebericht sagten wir, wir freuten uns, frei zu sein, doch wir seien auch traurig, weil wir zwei von unseren Freunden verloren hätten. Wir fügten hinzu, unser Mitgefühl würde allen Familien der Toten gelten, einschließlich denen der Südmolukker. Wir dankten allen, die sich irgendwie für die Sache eingesetzt hatten. Die Erklärung wurde später von einem aus unserer Gruppe in einem Raum verlesen, der voll von Reportern war. Er hat es jedoch abgelehnt, Fragen zu beantworten.

Man erzählte mir, eine meiner Nichten, die 10jährige Joke, sei wegen einer Augenoperation im gleichen Krankenhaus. Ich benutzte die Gelegenheit, ging auf ihre Station und scherzte mit ihr, indem ich sagte, ich hätte sie überrundet. Sie lachte erfreut, als sie ihre Tante Mini gesund und munter sah. Wir umarmten uns, und dann brachen wir auf zu unserem Haus in Groningen, in dem ich zwei Zimmer bewohne.

Als das Auto meines Schwagers vor dem Haus vorfuhr, hatte sich fast die ganze Nachbarschaft versammelt, um mich zu sehen. Ich war von der Liebe und Fürsorge sehr gerührt und winkte all den Leuten verlegen zu. Am laufenden Band trafen Blumen ein von Glück wünschenden Menschen. Wir konnten die Blütenpracht kaum unterbringen. Viele von den Nachbarn, die mich so lieb willkommen geheißen hatten, kannte ich nicht einmal, da ich lange Zeit von zu Hause fort gewesen war. Ich erhielt auch einen wundervollen Willkommensgruß vom Pastor und meiner Kirchengemeinde an diesem ersten Sonntagmorgen. Man bat mich, bei einem späteren Treffen von meinen Erfahrungen zu berichten, doch ich hatte keinen Mut, ausführlich über das zu reden, was geschehen war. Ich hielt dann eine Bibelstunde und sagte: »Wenn jemand mich nach den Besetzungswochen fragen möchte, will ich versuchen, die Fragen zu beantworten.« Es kamen viele Fragen, massiv und schnell. Was mir so viel Mut gegeben hat, war, daß meine Brüder und Schwestern in Christus Gläubigen in der ganzen Welt von meiner schlimmen Lage berichtet hatten, und sie sind alle für mich betend vor den »Thron der Gnade« getreten. Ihnen allen sei Dank!

Kurz nach der Besetzung wurde ich in meiner Wohnung für das holländische Fernsehen interviewt. Ich sprach über meinen christlichen Glauben und meine Gespräche mit Max über Christus. Es war eine wunderbare Gelegenheit, die Frohe Botschaft von Jesus Millionen weiterzugeben.

Als ich in mein Büro zurückkam – dieses Mal pünktlich –, wurde ich vom ganzen Personal herzlich begrüßt. Ein Mann im Büro sagte mir, daß er, seine Frau und seine Schwiegermutter das Fernsehinterview gesehen hätten. Sie waren tief bewegt über das, was ich gesagt hatte, und er suchte seitdem für sich selbst die persönliche Verbindung mit Christus.

Früher hatte ich es immer als schwierig angesehen, bei meinen Kollegen Zeugnis abzulegen, aber nun war hier eine offene Tür – und das alles infolge der Zugbesetzung. Gewiß, das war ein positives Fazit meines Erlebnisses.

Die nach drei Wochen des Terrors freigelassenen Geiseln werden in Sondermaschinen nach Groningen gebracht – 16 km von der Überfallstelle entfernt. Die befreiten Gefangenen weinten vor Freude, und die vielen Menschen, die die Straße säumten, winkten und jubelten mit großer Anteilnahme ihnen zu.
Die Autorin erinnert sich täglich daran, daß der Herr ihr Mut und Kraft durch seine Liebe und Zusagen gab. »Ohne Christus sind wir verloren.«

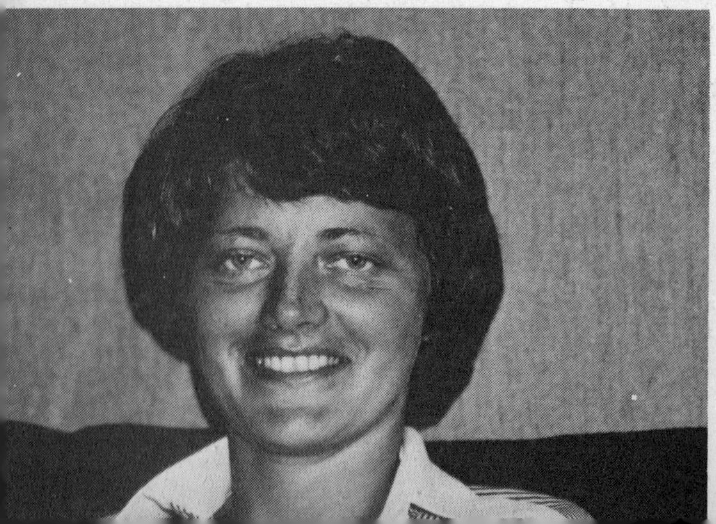

Das Foto, aus einer Meile Entfernung aufgenommen, zeigt eine Geisel, die aus dem Zug vom Roten-Kreuz-Personal weggetragen wird, beobachtet von den Terroristen, die die holländischen Behörden für einen krank gewordenen Mitreisenden um einen Krankenwagen gebeten hatten. Wide World Photos.

Die Autorin bei ihrem Auto. Mini hat es von ihrem Vater nach dem Überfall bekommen – damit sie nie wieder mit dem Zug zu fahren braucht. Foto von Dan Wooding.

Hat Max Christus angenommen?

In den ersten Tagen nach meiner Befreiung dachte ich sehr oft an Max. Offen gesagt, ich tue es immer noch. An seinem Beerdigungstag, dem 15. Juni 1977, hatte ich ständig sein bärtiges Gesicht vor Augen. Sein spottlustiger Blick und seine sanfte Stimme gingen mir nicht aus dem Sinn. Ich konnte es kaum glauben, daß er wirklich tot war.

Die Niederländer hatten die Leichname der sechs Terroristen am 13. Juni den Südmolukkern übergeben. Eine Menge bewegter Menschen grüßte die Särge, und man hörte das Wehklagen der Frauen von Assen und aus dem Dorf in der Nähe von Bovensmilde.

In Bovensmilde wurden die Särge durch die Straßen getragen. Die tote Terroristin Hansina stammte auch aus diesem Dorf.

Später wurden die Toten zu der Evangelischen Molukkerkirche in Assen gebracht, in der ein Gedenkgottesdienst gehalten wurde. Wachposten mit Autos blockierten die Straßen rund um die Kirche.

Die offizielle Beerdigung fand auf dem Stadtfriedhof in Assen statt. Ihr folgte am nächsten Tag die Vorladung vor den Staatsanwalt der sechs von sieben Südmolukker Terroristen. Sie waren beim Stürmen des Zuges und der Schule von Marinesoldaten verhaftet worden. Der siebente Terrorist war schwer verletzt und konnte nicht vor Gericht erscheinen. Die den Überfall überlebenden Terroristen erhielten später für ihre Mitwirkung bei der Besetzung Gefängnisstrafen von 6–9 Jahren.

Es ist sonderbar, daß Max, der sich selbst als ein Ché Guevara unserer Zeit sah, so großen Eindruck auf mich gemacht hatte. Unsere Herkunft war grundverschieden, dennoch, seine scharfsinnigen Beobachtungen waren wie ein Schwert in meinem Herzen. Sie waren wahr und beschämten mich so.

Mein unentschlossenes, selbstsüchtiges Verhalten am Anfang trug nicht dazu bei, andere auf Christus hinzuweisen. Max war sicher eine gefestigte Persönlichkeit, wenn auch irregeleitet. Er hatte im Leben nur ein Ziel, und er war bereit, dafür das größte Opfer zu bringen.

Ich muß ehrlich sagen, daß ich von seiner klaren, eindeutigen Gesinnung und seiner Hingabefähigkeit beeindruckt war. Es gab mir einen Stich, daß ein Nichtchrist solches Pflichtbewußtsein haben konnte. Er brachte mich selbst darin vorwärts, mich in einen umfassenden Entscheidungskampf um Christi willen zu begeben. Durch die Gespräche mit dem sich innerlich quälenden Max erkannte ich den Ruf Gottes, auch ein Streiter zu sein – nicht von der Art, wie Max es war, sondern ein Kämpfer des Herrn. Im Gegensatz zu Max und seinen armen Kameraden waren meine Waffen nicht tödlich, sondern geistlich.

Ich kann es noch immer nicht fassen, daß es eines überzeugten, wenn auch liebenswerten Terroristen wie Max Papilaja bedurfte, um meinen Glauben so bis an die Grundfesten zu erschüttern. Ich wurde sogar bereit, für Christus zu sterben, wenn es nötig sei.

Ich bin es noch!

Nach der Beerdigung wünschte ich sehnlichst, Max' Mutter zu besuchen. Sie lebt auf einem von Stacheldraht umzäunten Gelände, das von Soldaten in blauer Uniform bewacht wird. Außerdem befinden sich im Hintergrund – kaum sichtbar – einige Panzer, die von Bäumen verdeckt werden. Auf den Häusern dieser Molukkersiedlung flattert die blau-weiß-grüne Fahne mit einem roten Viereckzeichen – die offizielle südmolukkische Exil-Flagge – während der Beerdigung auf Halbmast gesetzt.

Ich hatte vor, Frau Papilaja von unseren Gesprächen zu erzählen und wollte auch versuchen, von ihr mehr über Max zu erfahren. Über seine Familie und seine Herkunft wollte ich ebenfalls etwas herauskriegen. Frau Papilaja sollte wissen, daß ich großen Respekt vor ihrem Sohn hatte und daß ich weder über ihn noch über einen seiner Landsleute Verbitterung im Herzen trüge.

Doch unmittelbar, bevor ich meine geplante Reise antreten konnte, mit dem neuen Auto, das mein Vater mir geschenkt hatte, so daß ich nicht mehr mit dem Zug zu fahren brauche, entdeckte meine Familie mein Vorhaben.

»Tu es nicht, Mini. Es ist noch zu gefährlich«, warnten sie. »Es ist zu früh. Alle sind noch zu empfindlich, und die Molukker könnten deine Motive mißverstehen.«

So stellte ich das Treffen erst einmal zurück, doch ich hoffe immer noch, Frau Papilaja eines Tages unter vier Augen zu sprechen. Vielleicht kann ich sie außerhalb ihrer Wohnsiedlung treffen, an einem Ort, wo wir beide unbekannt sind?

Es brechen immer wieder Streitfragen darüber auf, ob der Endsturm auf den Zug wirklich nötig gewesen sei. Bei anderen Besetzungen in jüngster Zeit – wie bei dem irisch-republikanischen Soldatendrama in der Balcombe Street in London, bei dem ein britisches Paar gefangengehalten wurde – wartete die Polizei so lange, bis die erschöpften Terroristen von selbst aufgaben. Hätten sie das in diesem Fall auch tun sollen?

Was einige Leute vergessen, ist, daß die molukkischen Terroristen ihren festen Plan hatten und daß sie ausgebildet waren, genau dieser Art psychologischen Drucks zu widerstehen, den man ihnen gegenüber anwandte. Sie hatten aus den Fehlern bei dem Zugüberfall im nahe gelegenen Beilen zwei Jahre zuvor gelernt und waren viel gefährlicher. Die Terroristen des Anschlags von Beilen waren fanatisch und schnell dabei, kalten Blutes drei Menschen zu töten, aber sie brachen zusammen, als die Besetzung länger anhielt. In Assen jedoch, nachdem sie die Lektionen in Beilen gelernt hatten und möglicherweise von Männern trainiert wurden, die selbst von arabischen Terroristen im Jemen ausgebildet worden waren, vereinten sie fachliches Können mit Fanatismus.

Daher zwangen sie meine Regierung, sich für eine Lösung wie die von Entebbe zu entscheiden. (Im Juli 1976 befreiten israelische Kommandos mehr als 100 Geiseln, die von Guerillas in Uganda auf dem Flughafen von Entebbe gefangengehalten worden waren.) Der Tod der Molukker erreichte größtmögliche Öffentlichkeitswirkung.

Die von den Molukkern aufgestellte Todesliste ist von den Leuten vielleicht vergessen worden. Ich habe nie herausgefunden, ob auch mein Name daraufstand, und wenn ja, ob Max es wirklich erlaubt haben würde, mich zu erschießen?

Eine der besten Verteidigungen bezüglich des Eingreifens meiner Regierung erschien nicht in Holland, sondern im britischen »Daily Mirror«.

In diesem Artikel heißt es:

»Das unschuldige Leben von zwei Geiseln ging verloren im letzten Niederschlagen der holländischen Zugbesetzungsaffaire. Diese Menschenleben waren der Preis, der bezahlt werden mußte, um dem Terrorismus nicht nachzugeben.

Hollands Justizminister sagte: ›Wir haben jeden Vermittlungsweg versucht, jeder war verschlossen.‹

So nahm nach 20 Tagen die holländische Regierung den Zug durch Gewalt, ›weil wir am Ende keinen anderen Weg sahen‹.

Man könnte sagen, zwei Menschenleben seien ein kleiner Preis für die Rettung der 51 anderen Geiseln im Zug. Es bleibt in diesem Drama dennoch ein unendlich tragischer Preis.

Bei der Endüberprüfung war Gewalt die einzig mögliche Antwort, so schrecklich schwer diese Entscheidung für die holländische Regierung auch gewesen ist.

Durch ihr gewaltsames Eingreifen haben sie gezeigt, daß letztlich kein Gewinn, kein politischer Vorteil durch nackten Terrorismus erzielt wird.

Der Begriff ›holländischer Mut‹ hat eine neue und sachliche Bedeutung bekommen.«

Was sind meine persönlichen Schlußfolgerungen über die ganze herzzerbrechende Angelegenheit? Zunächst hat sie mich gelehrt, wie leicht das Leben ausgelöscht werden kann und wie wichtig es ist, sich für das Leben danach vorzubereiten. Denn ohne Christus sind wir – du und ich – verloren. So sagt es uns die Bibel, und auch genau das glaube ich.

Persönlich habe ich mich geändert. Ich weiß nun viel besser Bescheid darüber, wie wichtig es ist, anderen von Jesus Christus zu sagen. Ich war dem Tod so nahe, und ich weiß nun, was das Wichtigste in meinem Leben ist: nämlich ihn kennen, ihm dienen, ihn preisen.

Hat Max Christus angenommen, bevor er in die Ewigkeit gehen mußte? Ich weiß es nicht. Ich hoffe so sehr, daß Max diese lebensnotwendige Entscheidung in jener Nacht getroffen hat, als ich ihn in dem vorderen Wagen verließ. Ich habe erkannt, daß es in meiner Verantwortung liegt, anderen alles über die Rettung zu sagen, aber es ist letztlich ihre eigene Entscheidung, ob sie darauf eingehen oder nicht. Ich kann niemanden zu einem Christen machen, das ist allein Gottes Werk.

Alles, was ich weiß ist, daß es nur eine Person in der ganzen Welt gibt, für die es sich lohnt zu leben und zu sterben – und das ist der Herr, Jesus Christus. Er gab sich selbst als lebendiges Opfer, und bei der Zugbesetzung gab er mir, was ich am meisten von allem brauchte, wahren Mut und Stärke durch Gottes Liebe und Zusagen.

Sinnvoll leben – aber wie? Diese Hänssler-Bücher geben Antwort.

Bestell-Nr. 75001
Festo Kivengere
Ich liebe Idi Amin
TELOS-Tb., 64 S., 4 s/w-Fotos, DM/sfr 2,80

Ein Tatsachenbericht über die blutige Verfolgung von Christen unter Idi Amin. Nur durch zeitweilige Flucht konnte der ugandische Bischof sein Leben retten.

Bestell-Nr. 75003
Jeanne Scheresky
Diagnose: Krebs
TELOS-Tb., 64 S., DM/sfr 2,80

Ein Mann erkrankt unheilbar an Krebs. Der ehrliche Bericht zeigt die Kämpfe und Nöte, aber auch die Kraft des Glaubens, der sich in einer Grenzsituation bewährt.

Bestell-Nr. 75004
Siegfried Buchholz
Lebensziele für Morgen
TELOS-Tb., 64 S., DM/sfr 2,80

Schon heute müssen wir die Ziele kennen, die uns morgen überleben lassen – und die Kraft, sie auch in die Praxis umzusetzen. Mit vielen interessanten Fakten.

Bestell-Nr. 75026
Gerhard Bergmann
Die Herausforderung des Islam
TELOS-Tb., 64 S., DM/sfr 2,80

Kurzgefaßt: Wesentliches aus der ungeheuren Fülle der Fakten. Mit diesen Informationen verstehen Sie das Wesen des Islam besser.

Bitte fragen Sie in Ihrer Buchhandlung nach diesen Büchern oder schreiben Sie an den Hänssler-Verlag, Postfach 1220, D-7303 Neuhausen-Stuttgart.

Sinnvoll leben – aber wie?
Diese Hänssler-Bücher geben Antwort.

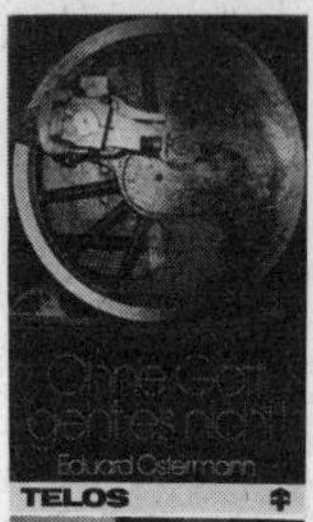

Bestell-Nr. 75032
Eduard Ostermann
Ohne Gott geht es nicht
TELOS-Tb., 64 S., DM/sfr 2,80

Eine kurze Analyse der anstehenden weltweiten Probleme, jedoch ohne Resignation, weil Gott in die Überlegungen miteinbezogen wird.

Bestell-Nr. 75036
Wilfried Wiegand
Wer glaubt, lebt zielbewußt
TELOS-Tb., 64 S., DM/sfr 2,80

Herausforderung und Ermutigung – der Glaube an Christus ist ein Faktum, das Lebensziele entscheidend verändert. Eine praktische Lebenshilfe für den Alltag.

Bestell-Nr. 75037
Friedhold Vogel
Geboren, um glücklich zu sein
TELOS-Tb., 64 S., 24 s/w-Fotos, DM/sfr 2,80

Eine Einladung, die Gleichung »Christ sein = Glücklich sein« selbst zu erfahren. Wie ist es möglich, alle Lebensbereiche an den lebendigen Gott auszuliefern?

Bestell-Nr. 75039
Gerhard Bergmann
Leid und Trost
TELOS-Tb., 64 S., DM/sfr 2,80

Gedanken und Einsichten zu einer Grundfrage des menschlichen Lebens. Eine Hilfestellung aus der reichen Erfahrung eines Mannes, der mit vielen darüber gesprochen hat.

Bitte fragen Sie in Ihrer Buchhandlung nach diesen Büchern oder schreiben Sie an den Hänssler-Verlag, Postfach 1220, D-7303 Neuhausen-Stuttgart.